U0481437

甲骨文廣播體操

宋鎮豪 署

本书为 2023 年度河南兴文化工程文化研究专项项目
"殷商文化活态化展示、具象化传播研究"（2023XWH026）成果

* * *

本书为 2024 年度河南省软科学研究计划项目
"汉字活化利用及普及传播——以'甲骨文广播体操'为例"（494）成果

* * *

本书为 2023 年度河南省哲学社会科学规划年度项目
"中小学'甲骨文广播体操'编制与推广研究"（2023BTY001）成果

鸣谢单位：中共安阳市委、安阳市人民政府、
中共安阳市委宣传部、安阳市教育局、安阳市文广体旅局、
中国文字博物馆、安阳市新华书店、腾讯 SSV 数字文化实验室

* * *

甲骨文信息处理教育部创新团队顾问：刘永革
动作指导：孙　磊
音乐创作：傅蒸蔚
体育数据监测：乔秀梅
文字顾问：韩胜伟、张同利
评分标准制定：毛有文
照片拍摄：史子阳
动作示范：李晓雯、李飞洋
字形演变动画制作：王思雨
推广顾问：郭　辉、刘　杨

甲骨文广播体操

龚慕凡　编著

中原出版传媒集团
中原传媒股份公司

大象出版社
·郑州·

图书在版编目(CIP)数据

甲骨文广播体操/龚慕凡编著. -- 郑州：大象出版社，2024.9. -- ISBN 978-7-5711-2249-2

Ⅰ.K877.1；G831.1

中国国家版本馆 CIP 数据核字第 2024DR0287 号

甲骨文广播体操
JIAGUWEN GUANGBO TICAO

龚慕凡　编著

出 版 人	汪林中
选题策划	张桂枝　张前进
责任编辑	李小希　管　昕
责任校对	李婧慧
装帧设计	王晶晶

出版发行	大象出版社(郑州市郑东新区祥盛街27号　邮政编码450016)
	发行科 0371-63863551　总编室 0371-65597936
网　　址	www.daxiang.cn
印　　刷	河南瑞之光印刷股份有限公司
经　　销	各地新华书店经销
开　　本	890 mm×1240 mm　1/16
印　　张	12.25
字　　数	226 千字
版　　次	2024 年 9 月第 1 版　2024 年 9 月第 1 次印刷
定　　价	58.00 元

若发现印、装质量问题，影响阅读，请与承印厂联系调换。

印厂地址　武陟县产业集聚区东区(詹店镇)泰安路与昌平路交叉口

邮政编码　454950　　　　电话　0371-63956290

甲骨文广播体操编创推广大事记

高标准编创
安阳师范学院甲骨文传承研究创新团队精心筛选 19 个甲骨文,编创九节甲骨文广播体操,将传统文化与现代体育巧妙融合,集文化性、健身性、艺术性于一体,提升了广播体操的科学性、趣味性与参与度。

高起点谋划
2024 年 1 月,中共安阳市委宣传部联合相关单位印发《关于开展甲骨文广播体操宣传推广工作的通知》,全面启动甲骨文广播体操宣传推广工作。

高效率推广
以点带面,通过进机关、进学校、进社区、进公园、进农村的方式展开全方位推广。

制定技术标准
《甲骨文广播体操动作规范》于 2024 年 4 月 18 日发布,2024 年 5 月 1 日起正式实施。

全民热情参与

在新时代文明实践中心、农民夜校、公园、广场等场所组织群众积极学跳甲骨文广播体操；市直企事业单位、各县（市）区把甲骨文广播体操作为工间操；各大、中、小学及幼儿园全面铺开教学学习工作，甲骨文广播体操进入了学生们的大课间与课余生活。

受到广泛关注

中央电视台、中国教育电视台，《光明日报》《环球时报》《中国教育报》，人民网、光明网、央视网等千余家主流媒体对甲骨文广播体操进行了报道。

邀请名人代言

我国艺术体操名将隋剑爽代言宣传甲骨文广播体操。

以赛促训推广

安阳市经过层层选拔，于2024年6月1日上午在安阳师范学院举办"安阳市甲骨文广播体操推广展演活动"，来自各行各业的17支代表队1100余人参加展演，共同推广甲骨文广播体操。

开启全球推广

背靠"数字甲骨共创计划"，未来将在海外14国进行甲骨数字回归和甲骨文推广传播交流工作。2024年8月5日赴韩国开启海外甲骨文广播体操教学第一站。

古今结合，活化创新（代序一）

甲骨文，中国汉字的鼻祖，中华文化的优秀基因，如何使之传承与发展，活化利用和普及弘扬，一定是题内应有的事。习近平总书记说"要确保甲骨文等古文字研究有人做、有传承"。那么，让更多的人有机会亲近、了解3300年前的古老文字，体验中华优秀传统文化的根脉，培养更多喜爱研究甲骨文的后来者，则是甲骨文活化传承的重点，古与今链接相贯，是手段与途径。

安阳师范学院甲骨文信息处理教育部重点实验室龚慕凡博士编著的《甲骨文广播体操》一书，是一部将古老汉字文化与当代体育、艺术进行融合活化创新的好作品。这套广播体操生动展示了甲骨文"书画同源"的一些文字特征，选取一批有着具象意味的甲骨文字，通过人体模仿动作，结合广播体操所强调的肢体动作要领和体育运动标准，匠心独运，巧妙创作，形成一套全民皆可参与的甲骨文广播体操。现在从具体实践的传播效果看，他们的确做到了不仅让沉睡千年的"冷门"要素"活了起来"，而且"火了起来"。难能可贵的是，这套甲骨文广播体操里面所运用到的19个甲骨文字，经过创作者的精细辨析，活化利用，呈现出了各种规范化体操动作程式，使它们的形态与字义都被穷尽挖掘。比如体转运动，巧妙地运用了祈祷神灵的"祝"字构形元素；再如以表示占卜兆纹不同走向的"卜"字设计的运动，将字形、字义与操练内容艺术性地契合起来，让学习者很容易了解到甲骨文字的形态及其背后事类。

这就是"古"与"今"的结合，在"以小见大""动静可赏"中将深沉的汉字文化，用一种通俗易懂的运动形式展示了出来。这种形式几乎所有人都可以参与进来，并且在短时间内就能大略领会汉字源头——甲骨文的一些特点，甚至对它的造字规律都能有所认识。这是非常有趣味性的创新开发，也是文字在审美意识中向体操健美运动转向的活化利用，是很适合在普通百姓尤其是学生团体中普及甲骨文的一种非常好的途径。

安阳师范学院甲骨文传承研究创新团队多年来一直执着于坚守"冷门绝学"，团队中还有许多像龚慕凡一样的年轻有为且具有不同学科学识背景的青年博士，他们把探究中国传统文化特质与品格之由来、中国艺术美学之发轫当成奋斗的事业。我认为一所好的大学，人才培养、学术研究、文化传承、传播交流，最终都是要服务社会、服务大众的。我殷切地期望，也坚信未来实验室会产生更多有创意、有启智作用的科学实践项目，实现甲骨文与殷商文化专业领域跨界融合，服务全社会，助力甲骨文活化众创和弘扬普及。

中国社会科学院学部委员 宋镇豪

2024年3月

让传统文化与现代体育相融共生（代序二）

《甲骨文广播体操》，这是一部让古老文明重焕新生之作。

中华文明源远流长，其中最为宝贵的文化遗产之一，莫过于神秘而优雅的甲骨文。这些蕴含着深邃智慧的古老文字，不仅是我们认识先民智慧的窗口，更是中华民族文化基因中不可或缺的重要组成部分。然而，如何让这些文化瑰宝与现代社会实现有机融合，让更多人领略其魅力，一直是文化工作者孜孜以求的目标。

在编创团队的潜心研究和精心编排下，《甲骨文广播体操》应运而生，这部集文化传承、艺术创造和大众健身于一体的著作，开创了一种全新的模式。作者巧妙地将甲骨文的形体美转化为动感十足的身体动作，通过科学的运动处方设计，充分发挥了甲骨文字形的视觉魅力和动作韵律，让这些古老文字重新焕发出勃勃生机。甲骨文广播体操不仅为参与者带来了独特的文化体验，更有利于提高参与者身体协调性和灵活性，为身心健康注入了源源不断的动力。

值得一提的是，甲骨文广播体操还充分运用了现代运动科学理论，将有氧训练、肌力训练、协调性训练、柔韧性训练等多种训练手段融于其中，既能增强参与者的心肺功能，又能提升肌肉力量和关节灵活度，还能通过运动带来的愉悦感调节情绪。这种全面而科学的训练方法，必将有助于参与者实现身心全面发展，进而推动我国全民健身事业再上新台阶。

甲骨文广播体操的推出充分体现了安阳市委市政府对中华优秀传统文化的高度重视，切实落实了上级关于文化事业和体育事业融合发展的重要指示。通过将甲骨文这一文化符号与广播体操这一普及性极强的体育项目相结合，安阳市不仅开创了一种全新的文化传承模式，也为后续文化和体育深度融合发展树立了标杆，必将为推动国家文化自信和全民健康贡献力量。

国家体育总局科学研究所研究员

2024 年 3 月

以体操之姿，舞动甲骨之韵（代序三）

在中国五千年文明的长河中，甲骨文作为最早成熟的文字体系，承载着中华民族深厚的文化积淀与历史记忆。它不仅是研究中国古代社会的重要史料，更是中华优秀传统文化的独特瑰宝。

在《甲骨文广播体操》一书中，作者将甲骨文进行"活态化"，"化静为动"成为一套规范化的体操技术动作。这样的创作实践无疑是一种创新的文化传承和传播方式，旨在通过对古老的甲骨文元素进行提炼与运用，并结合现代化的运动科学理论，构建一套寓教于乐、动静相宜的体操训练技术。本书详细阐述了如何将甲骨文的形象与广播体操的动作设计相结合，使参与者既可以领略到甲骨文所蕴含的古老智慧与美学价值，又可以实现身体锻炼与文化熏陶的双重功效。甲骨文"活态化"为体操动作，这样的创作与传承路径不仅是对传统文化资源创造性转化的生动实践，也体现了文化自信和文化自觉，对推动中华优秀传统文化传承发展具有积极的意义。

本书中这套广播体操作为连接甲骨文与现代体操技术的桥梁，做到了"以体操之姿，舞动甲骨之韵"。在舞动中古老的甲骨文跨越时空，连接古今，走进日常生活，让更多人触摸到了远古文明的脉搏，更加理解并热爱中华民族的文化遗产。我期望以此书的出版推动全民体育运动与中华优秀传统文化的深度融合，助力中华优秀传统文化的创造性转化与创新性发展，让每一位读者都能从中汲取力量，锤炼身心，成为中华文化传承的新时代接力者。

广州大学音乐舞蹈学院院长

2024 年 2 月

让甲骨文在当代"活起来""火起来"（代序四）

甲骨文信息处理教育部重点实验室以信息技术为基础，专注于甲骨文的研究、保护、传承与活化。该实验室汇聚了安阳师范学院多个学科的博士，主要进行甲骨文与殷商史相关的多学科研究与活化传承工作。甲骨文广播体操就是甲骨文信息处理教育部重点实验室为落实中华优秀传统文化创造性转化和创新性发展的一项将文化、体育、艺术完美结合的优秀甲骨文活化传承成果。

2021年5月14日，我带实验室的老师去安阳市北关区区直幼儿园参观学习。在幼儿园操场的围墙上，我看到小朋友们摆出的甲骨文字的造型图画，突然想到能不能编创出一套甲骨文健美操或者广场舞，让更多的人参与进来，助力大众了解甲骨文。于是我马上给实验室助理研究员龚慕凡博士打电话，她当时正在韩国准备博士论文的答辩，但依然积极答应我等答辩一结束就研究一下。2022年，龚博士历经千辛万苦完成学业，回到国内，而我早把这个事情忘到了九霄云外。

2023年5月的一天，龚博士突然对我说，按着我当时的思路，她做了一套甲骨文广播体操。我立刻说："马上让我看看！"看过后我非常欣慰，也很惊喜，更感觉到了龚博士是一位有心人。经过长达两年的准备与研究，无数次的理论与实践实验，这套操从文字的演绎、文化内涵的呈现到编创的过程，处处显示着科学性、训练性、艺术性价值。尤其是每一节的字形、字义与体操训练要求完美地融合在一起，随着简单的广播体操律动，字义讲明白了，既能寓教于乐又能全民参与，赋予了古文字新的生命力，这就是我们一直在寻找的活化传承方式。我非常高兴，立即协调体育学院进行"FIRSTBEAT"体能科学训练测试，让龚博士请音乐学院的老师进行音乐创作，并抽调计算机学院和音乐学院共100名学生开始学习操练，持续跟进体能科学监测。同时，我们请来了四位体育专家与三位古文字专家开始对该体操的文化性与科学训练性进行论证，在专家们的建议下又让龚博士带着团队成员进行了两次改版。

2023年6月10日，在安阳市举办的"文化和自然遗产日"活动现场，甲骨文广播体操作为第一个节目展出，一经亮相便受到了市领导的高度赞扬。在安阳市委市政府领导的大力支持下，由安阳为起点，甲骨文广播体操的宣传普及工作顺利开展，并快速在全国范围内得到关注。

甲骨文广播体操涉及古文字、体育、舞蹈、音乐等，是一个多学科的研究成果，本书对甲骨文广播体操的前期准备、文化内涵、编创心路、规范总结及活化传承推广效果进行了具体的阐述。它的出版必将为甲骨文广播体操在全国乃至世界范围的进一步推广与传播助力，也将为"行走河南，读懂中国"文旅文创融合战略及"把殷墟甲骨文打造成中华文化新地标"这一新命题的落实做出更多的贡献。

甲骨文信息处理教育部重点实验室主任 刘永革

2024 年 2 月

目 录

第一章 甲骨文的前世今生

一、甲骨文与殷商文化　003

二、甲骨文"书画同源"的艺术特性　006

三、甲骨文的审美意识体现　011

四、甲骨文的艺术表现力　014

五、甲骨文与甲骨卜辞中所体现的古代艺术　016

第二章 "活"在当下 让甲骨文

一、体操的由来　023

二、我国古代的"体操"　024

三、我国现代广播体操的起源与发展　026

四、甲骨文广播体操的编创过程　031

五、体艺赋能，全民健身　043

第三章 甲骨文广播体操基础形体动作讲解

一、基本脚位　051

二、基本手型　052

三、基本体态　053

四、甲骨文广播体操所用文字的字形与字义展示讲解　055

第四章　甲骨文广播体操内容讲解

第一节	预备运动	077
第二节	伸展运动	082
第三节	扩胸运动	091
第四节	踢腿运动	104
第五节	体侧运动	113
第六节	体转运动	122
第七节	跳跃运动	139
第八节	全身运动	147
第九节	整理运动	156
附	甲骨文广播体操生理生化实验报告——一次性测试报告	161

附录一	甲骨文广播体操评分细则	173
附录二	甲骨文广播体操比赛评分表	175

后记　176

第一章
甲骨文的前世今生

殷墟是我国历史上第一个考古发掘所证实的有文献可考的商代晚期都城遗址。近一个世纪以来，我国考古工作者对它持续进行着发掘、整理、研究工作，使得其也是我国目前考古发掘次数最多、持续时间最长、揭露面积最大的古代都城遗址。2022年10月，习近平总书记考察殷墟遗址时说道："殷墟我向往已久，这次来是想更深地学习理解中华文明，古为今用，为更好建设中华民族现代文明提供借鉴。"

在殷墟，我们发现了中国最古老的成体系文字——甲骨文。目前全球已知的世界四大古文字体系（古巴比伦楔形文字、古埃及圣书文字、古印度印章文字、古中国甲骨文字）中，唯有以殷墟甲骨文为代表的中国古文字体系，穿越时空，几经发展流变，至今仍在使用，甲骨文见证了中华文明的源远流长和对世界文明的伟大贡献。"中国的汉文字非常了不起，中华民族的形成和发展离不开汉文字的维系。""殷墟出土的甲骨文为我们保存3000年前的文字，把中国信史向上推进了约1000年。"

一、甲骨文与殷商文化

商代，中国历史上第二个王朝，距今已有3000多年的历史，是中国奴隶制社会的鼎盛时期。商代自第一任君王成汤，到最后一任君王帝辛，共历经500余年，十七代，三十一王[①]。目前，我们主要通过文献史料、考古资料等内容对其进行综合研究。

商代是较为发达、典型的奴隶制阶级社会，已经形成了政治机构、管理阶层，并且拥有严酷的刑法、庞大的军队。商人敬神隆祀，嗜财求富，所记载的重要活动许多都与神灵崇拜有关。对于商王朝的统治阶级来说，祭祀是治理国家的重要政治活动，在这种文化背景下，商王朝出现了古老的文字——甲骨文。甲骨文主要用于记录王室与贵族们占卜、问神的过程，它通常刻写在龟甲或兽骨上。甲骨文是我国目前发现最早的成系统的文字，是中国文字之源，也构成了中国最早、最真实的成文文字原始记录。

甲骨文的发现十分偶然。据说，清朝国子监祭酒王懿荣治疗疟疾时，发现大夫开的一味药"龙骨"上有文字。王汉章在《古董录》中有一段这样的记载：王懿荣"细为考订，始知为商代卜骨，至其文字，则确在篆籀之前"。甲骨文发现至今已经有100多年

[①] 参见常玉芝：《商代宗教祭祀》，中国社会科学出版社，2010年，第2页。该书观点参考郭沫若《卜辞通纂》，国内也有学者认为是十七代，二十八王。

的历史，目前我国发现出土的甲骨大大小小近 20 万片，主要出土地是河南安阳小屯一带的殷墟，此外，郑州商城、济南大辛庄等遗址也有少量出土。

甲骨中的"甲"，是指龟甲（多为龟腹甲，也有少量背甲）。"骨"主要是兽骨，以牛的肩胛骨为主（也有少量牛头骨、鹿头骨、人骨、虎骨、犀牛骨）。商人在使用"甲""骨"前，会对其进行处理。对"甲"的处理方式是将龟宰杀，分成腹甲和背甲两部分，通常情况下，商人都是使用腹甲部分，腹甲反面经过打磨使其平整（图 1-1-1）。对"骨"的处理方式是将牛的肩胛骨关节窝的部分切去三分之一，保留直角缺口，再将骨脊打磨使其平整[①]（图 1-1-2）。

当商人把"甲"或"骨"处理好后，就会在它们的背面（也有少数在正面）进行钻凿，钻凿就是用刀等工具，在"甲""骨"上挖钻出各种形状的坑洞、凹槽。通常圆形、半圆形的洞叫作"钻"，长方形、椭圆形的洞叫作"凿"，"钻"往往在"凿"的旁边位置。钻凿后商人会用烧得炙热的树枝等物对"甲""骨"进行灼烧，这样会在"甲"或"骨"的背面形成裂纹，通常"钻"会形成横纹，叫兆枝，"凿"会形成竖纹，叫兆干。然后商王或巫人就会根据裂纹的形态判断事情发展的走向，也就是——占卜。占卜之后贞人会将文字刻写在裂纹的旁边，这就形成了甲骨卜辞。通常甲骨文的内容是记录商王和贵族之间的事情，大概可以分为四类：卜辞；与占卜有关的记事刻辞；与占卜无关的记事刻辞；表谱刻辞。[②]

我国甲骨文与殷商文化的研究从 1899 年开始，先后经历了四个时期，分别是：

1899—1928 年，非科学挖掘与草创阶段。这一时期由于甲骨身价激增，安阳小屯村村民开始盗掘，挖出的甲骨大多被古董商收购，部分流失海外。随着 1903 年第一部甲骨著录书《铁云藏龟》出版，甲骨文从古董转变为可资研究的资料，大批甲骨文资料得以公布。在此基础上，基本的文字考释取得了巨大成就，而王国维先生所著的《殷卜辞中所见先公先王考》及《殷卜辞中所见先公先王续考》两篇文章，标志着甲骨文被用于商史研究，这极大促进了古史研究的进步。不过这一时期总体的研究方法依然未完全突破传统学术的模式。

1928—1949 年，科学发掘与发展阶段。从 1928 年年底到 1937 年 6 月，中央研究院历史语言研究所在安阳殷墟进行了 15

---

① 参见周忠兵：《甲骨钻凿形态研究》，《考古学报》2013 年第 2 期。
② 王宇信、杨升南：《甲骨学一百年》，社会科学文献出版社，1999 年，第 239 页。

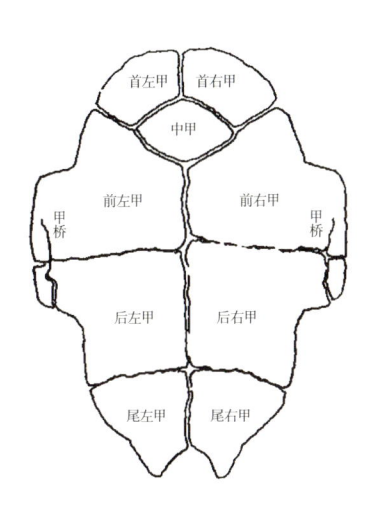

图 1-1-1　龟腹甲（左为龟腹甲结构图解，右为 1991 年殷墟花园庄东地出土龟腹甲）（汉字文明传承传播与教育研究中心编：《甲骨春秋——纪念甲骨文发现一百二十周年》，商务印书馆，2019 年）

图 1-1-2　牛肩胛骨刻辞，长 35cm，宽 26cm

第一章　甲骨文的前世今生　005

次发掘，获得有字甲骨2万多片，并发现了大量遗迹和遗物。随着科学发掘所获资料的整理，甲骨文著录与整理取得了重大突破，《殷虚文字甲编》《殷虚文字乙编》《殷契萃编》等书问世。甲骨学研究也取得了全面进步，尤其是《甲骨文断代研究例》一书，全面论证了甲骨断代学说，极大提高了甲骨文的史料价值。这一时期甲骨学突破原来的金石学和小学传统，发展为现代学术。

1949—1978年，持续发展阶段。1973年小屯南地出土有字甲骨4000多片，河南洛阳泰山庙、陕西岐山凤雏等地发现了西周甲骨文。在甲骨整理和研究方面，《殷虚文字丙编》《殷代贞卜人物通考》等著作出版，在甲骨文字考释方面，甲骨学研究的总结性著作《殷虚卜辞综述》出版。同时，加拿大、美国等国家学者也著作丰富。这一时期的甲骨学真正发展成了国际性学科。

党的十一届三中全会以后，全面深入研究阶段。刻字甲骨陆续出土，1991年在花园庄东地发现有字甲骨579片。陕西扶风齐家村，北京房山镇江营、琉璃河等地亦出土西周甲骨。这一时期的一项重大成果是《甲骨文合集》的出版，该书分类科学，收集宏富，全面推动了甲骨学研究的前进，甲骨学研究进入兴盛时期。

以上每一个时期都涌现了许多在殷商文化与甲骨学、考古学研究方面颇具建树的专家学者，他们承前启后为殷商文化与甲骨学的研究与发展奠定了基础。2016年，习近平总书记提出："要加强对中华优秀传统文化的挖掘和阐发，使中华民族最基本的文化基因与当代文化相适应，……要推动中华文明创造性转化、创新性发展。"这标志着甲骨文和殷商文化的研究进入了第五个时期，即在前期研究基础上转化成果、创新发展的新阶段，活化利用甲骨文研究成果与以甲骨文和殷商文化研究为抓手推动全民"文化自信"成为研究热点。

二、甲骨文"书画同源"的艺术特性

"书画同源"是中国艺术史上的基本理论之一，也可看作一个关于汉字起源的命题。在对汉字起源的研究中，学者们都关注到了汉字与绘画存在着密切的关系。[①] 中国书法与绘画艺术源远流长，它们都起源于原始的符号，两者数千年来始终相互借鉴，

---

① 柳学智、西沐：《甲骨文艺术概论》，中国书店，2011年，第105页。

共同发展，书中有画，画中有书，相得益彰。

甲骨文作为我们今日使用的汉字的源头，它有形、有音、有义，在目前出土的近20万片甲骨上，所用单字已经超过5000字，已考释出来的文字有1000多字。通常情况下，一个字的甲骨文会有多个形态，这主要由以下几种原因：

（一）甲骨文具有"书画同源"的艺术特性

甲骨文既是书法也是绘画，所以在表现形式上，不同时期、不同负责记载的人会有不同形式的记录与演绎。比如甲骨文的"渔"字，在书写中形态很多，有的字形象垂钓的样子，有的字形象用手抓鱼的样子，有的字形象张开的捕鱼网。鱼的数量也不同，有的是多条鱼，有的是一条鱼。各种形态的"渔"字反映了当时捕鱼活动的多种方式。（表1-2-1）

表1-2-1："渔"字的不同甲骨文字形[1]

甲骨文						
出处	《诂林》1753	《诂林》1818	《诂林》1817	《诂林》1817	《诂林》1817	《甲骨文字编》00052（A7）
甲骨文						
出处	《甲骨文字编》10478（AB）	《花东》113（C5）子组	《甲骨文字编》02972(A7)	《合》10475 宾组	《合补》10516	《合》21470 自组

---

[1] 甲骨文字形均来自"殷契文渊"网站，全书同，不再一一标注。

（二）商王朝时期，文字发展处于早期阶段

当时每个字的形态尚没有具体的规范，而记录卜辞的贞人很多，不同人的记录方式与习惯不同，对不同事物的想象、理解甚至创造、发挥也不同，融个人色彩在其中，就会呈现出多姿多彩的不同字形。比如甲骨文的"舞"字，有的字形象手持物品起舞，有的字形象三人共舞，有的起舞者头上还戴有头饰等。这可能就是贞人根据当时祭祀、起舞的环境与内容的差异，记录下了不同的字形。（表1-2-2）

表1-2-2："舞"字的不同甲骨文字形

甲骨文						
出处	《甲》2345 《合》20970	《甲》2858 《合》21473 子组	《甲》2858 《合》21473 子组	《前》6.21.1 《合》16005	《前》6.20.5 《合》16008	《粹》1315 《合》32986 历组
甲骨文						
出处	《京都》3085 《合》20979	《花东》416 子组	《河》877 《合》15998	《京津》452 《合》12839 宾组	《佚》83 《合》14473	《铁》120.3 《合》16000 宾组
甲骨文						
出处	《粹》334 《合》27441	《拾》11.15 《合》19056	《京津》446 《合》12826	《合》14755	《佚》1 《合》5455 宾组	《乙》1937 《合》14207 宾组

续表

甲骨文						
出处	《乙》2181 《合》795 宾组	《前》7.35.2 《合》16013 宾组	《粹》744 《合》12818	《诘林》226	《合》28209 无名组	《合》30028 无名组
甲骨文						
出处	《合》28461 何组	《合》455	《花东》391 子组	《花东》391 子组	《粹》51 《合》34295	《合》34295

（三）甲骨文作为一种象形文字，本身反映的是对事物形态的观察、写生、记录

不同的客观事物，存在形式通常不是一个模式，因此负责记录的甲骨文也会多种多样。比如甲骨文中的"祝"字，呈现各种形态的跪坐、跪拜体态，也许与当时祝祷人的真实祝祷场景有关。再比如"齿"字，老人、孩子、青年不同年龄段的人牙齿不同，即使同一个年龄段的人，有的人牙整齐，有的人牙齿大，有的人牙齿小，有的人缺少牙齿等，因此"齿"字有不同字形。又如"车"字，车子有单轮、双轮、四轮等样式，"车"字也呈现多种形态。（表 1-2-3、1-2-4、1-2-5）

表 1-2-3："祝"字的不同甲骨文字形

甲骨文				
出处	《合》19890、30393	《合》10148	《诘林》306	《诘林》306

第一章　甲骨文的前世今生

续表

甲骨文				
出处	《诂林》115	《诂林补编》73	《屯》3035	《甲骨文字编》102

表1-2-4："齿"字的不同甲骨文字形

甲骨文						
出处	《诂林》2237	《诂林》2237	《诂林》2237	《花东》284 子组	《屯》3035	《花东》284 子组

表1-2-5："车"字的不同甲骨文字形

甲骨文				
出处	《诂林》3145	《诂林》3145	《诂林》3145	《诂林》3145

甲骨文"书画同源"的艺术特征，使得其在3000多年前每一任记录者的刻画下，或繁或简，或大或小，或细腻或粗糙，形成了多种字形与艺术形态。这为我们寻找身体形象、体态提供了创作的素材。

三、甲骨文的审美意识体现

（一）甲骨文蕴含着中国审美意蕴的原始记录形式

中国早期艺术审美的意蕴通常和当时人们的生活状态、生产活动、探索未知的经历等内容相关联。甲骨文从开始出现就形成了以"象形"为根基的结构和表意特征，后又在象形的基础上，自然地走向了指事、会意、形声等，逐步完成了汉字的构造基础。许慎曾以"画成其物，随体诘诎"八字来描述象形字的特点。班固在《汉书·艺文志》中，把"指事"称为"象事"，把"会意"称为"象意"，把"形声"称为"象声"；《通志·六书略》则言："六书也者，皆象形之变也。"

如"日""月""山""水""火""木""雨"等，这些对大自然的记录的字，可以充分体现甲骨文"象"的特点。再如对动物的记录的字如"牛""羊""鹿""象""鸟""马"等，这些文字像极了动物们的简笔画，动物的原始特征被用简单又充满美感的线条刻画出来，极为形象。容庚先生曾对甲骨文中的动物形象这样描写："羊角象其曲，鹿角象其歧，象象其长鼻……因物赋形，恍若与图画无异。"[①]

象形字的特点就是抓住事物特征，将其简单化、形象化，它似像非像，似画非画，以简易、抽象的语言符号为主，表现力与想象力十足，充满美的意境，从中我们可以窥见中国古代艺术精神形成的某些特点。

相比象形字而言，甲骨文中的会意字更能体现出古人的精神世界与艺术表达。它在"象"的基础上发展出了"意"，使其具有了事物之间的可联想性、可视性与生动性。

与人相关的字是甲骨文中占比最大的，大概占20%以上，其次是动物、植物、天象、地理等。如"子"和"女"，两个字都是象形字，组合在一起变成了会意字"好"，从女从子，本义为美，貌美。如果我们加些个人主体意识与人文精神，也可以解释成男子女子结合为好、一儿一女为好、母亲有一子为好等。在"女"字上方加上房屋"宀"就是"安"字，

[①] 容庚：《甲骨文字之发现及其考释》，北京大学《国学季刊》1923年第1卷第4期。

两个象形字组合，表示"女"在房子"宀"下，本义为安定、安全、安稳。如果加上个人主体意识与人文精神，可以理解为家里有女人、有母亲就让人感到安心、安全等。这就是甲骨文也可以说是汉字所表现出的中国人的精神世界。

甲骨文从绘画、符号的形式开始，发展过程中不断融入当时人们对生活的观察与思考，以及内心的精神观、世界观、艺术体验、想象创造等内容，体现了中华民族早期审美意识的萌芽状态，留下了许多我国先民对世界万物的认知、对艺术的感知、对生活的思考的痕迹。

（二）甲骨文蕴含着中国审美意蕴的人文精神

甲骨文在字形结构上具有强烈的主体意识和人文精神，从中可以窥见中国古代艺术精神形成的某些特点，可以说甲骨文蕴含着中国审美意蕴的人文精神。

汉字发展演化已有数千年之久，我们不能完全了解汉字初创时期人的具体观念到底为何，但是在甲骨文的文字结构中我们可以看到原生象形的情感内容。

比如"女人"的"女"字，甲骨文写为" "，而"母亲"的"母"字为" "，"哺乳"的"乳"字为" "。再如"身体"的"身"字，甲骨文写作" "，而"怀孕"的"孕"字为" "。

从这些字中，我们能够很直观地体会到原始汉字想要表达的那份血缘与亲情的关系。其主体意识明显，人文观点朴实，让几千年以后的人们看着这些文字依然能够感受到其中的生命、自然，好像用"人"的隐喻表现宇宙万物中生命存在的轨迹、意义与价值。这正是中国文字区别于西方文字的根源，我们拥有内化的语言符号结构，它影响了一代又一代的中国人的精神和思维世界，充满着情和美。如果以现代汉字的结构与甲骨文对比，我们可以看到古典形态向现代形态转换过程中体现出的文化核心价值走向，因此即便到了今天，我们依然可以通过个人的理解与感悟为甲骨文的解读提供新的思路，从而从中国文化的审美意义上把握中国艺术审美精神，这便是为什么我们说甲骨文蕴含着中国审美意蕴的主体意识和人文精神。

（三）甲骨文蕴含着中国审美意蕴的艺术造型与表现形式

作为中国艺术的起源，甲骨文的造型可以为我们认识中国书法、绘画艺术的审美历程提供范例。它能够捕捉瞬间的生命形象，在情感意蕴、审美历程中获得表达上的自由。

还以与自然有关的字为例，如"日""月""山""水"，其形态展示了中国古代审美意识，充满想象力与审美趣味。

另外，甲骨文中还包含着空间艺术的审美原则，如甲骨文中有许多描写房屋建筑的字："高""宫""京""室"等。甲骨卜辞中有对"大室""文室""丽室"等不同房屋的记录。《说苑·反质》说商代宫殿是"宫墙文画，雕琢刻镂，锦绣被堂，金玉珍玮"。宋镇豪先生在《夏商社会生活史》一书中写道："殷墟王邑的宫室建筑群体，组合复杂，主次有别，主体建筑居中，附属建筑前后左右对称照应。……在空间结构上，有单层排屋，也有双层楼屋。这与殷墟甲骨文中名类繁多的建筑称名是相应的。"[1]

甲骨文所呈现出的审美艺术是商代社会发展过程中人们艺术审美活动的必然体现，它蕴含着中国审美意蕴的艺术造型与艺术表现形式。

（四）甲骨文蕴含着中国文字的创造性与想象力

我国先人在创造文字的时候，体现出了一种对自然的观察与思考，对劳动的智慧积累，这种创造力到现在来看都是充满活力的，是具有独创性、散发性、探索性思维的。这体现在甲骨文上即它的"非随意创造性"。甲骨文的产生和汉字的发展是与古人的生产生活紧密联系的，是人们长期的生产劳动、实践思考、交流创新的成果。也就是说我们的先民对于自然万物、生活日常、人体特征等，是有目标地进行创造性记录并按照一定规律性来呈现的。也许在商朝以前，原始的符号记录还是随机的，但是到了商朝，文字开始系统性、大量出现，体现出商人对文字的创造与使用是有计划、有目标、有准备的。

甲骨文中的会意字，就是在象形文字的基础上对文字进行改造与重构创新，并赋予该文字全新的含义。如"饮"字写作"　"，会意字。看其字形，为一个人伸着舌头在酒坛中饮酒。表示"盛放酒水器皿"的构字构件与表示"人"的构字构件，以及表示"舌头"的小竖线通过巧妙的组合，呈现了新的文字形态，也被赋予了新的含义。类似这样的例子有很多。运用抽象、概括、联想、

---

[1] 宋镇豪：《夏商社会生活史》，中国社会科学出版社，1994年，第53页。

增补、再造等方法，对已有文字进行加工、想象、取舍、整合，最终产生了既记录生活又具有创新表现的、前所未有的新的甲骨文，这种创新思维及形成的成果对于整个人类文明的发展与进步都是具有重大意义的。这是甲骨文独有的创造力体现。

甲骨文不仅勾画了商人对世界的探索历程，也体现了自然美、抽象美、装饰美、造型美，还联通了古代与现代的世界，生活在当下的我们，依然能够通过甲骨文捕捉到商人的生活信息、文化习俗、艺术内涵。

甲骨文富有创造性与想象力的文字特点，凝聚着中华民族的智慧与艺术魅力，给当今进行文化、艺术创作的我们输送着源源不断的灵感，因此我们不仅要研究它，还要对它进行创造性转化，实现创新性发展，以服务于大众。

四、甲骨文的艺术表现力

甲骨文是商代文化、文明的具体体现，它不仅向人们展现了中华文明史上的一次文化大繁荣，还展现出了别具一格的艺术风格与艺术表现力。

（一）自然形态的表现力

甲骨文产生之初，其形态是人们对现实事物一种自然形态的真实写照，反映了先人对自然美的认识与非凡的表现力。观察一个事物的外形，再用美的规律将其呈现，这些文字表现出了"因物构思""博采众美""天人合一"的自然生活形象。

如对人体的记录："人𗀈"字，表现了一个人侧面站立的形象。"从𗀉"字，一人跟随一人，表示跟从。"老𗀊"字，一人发须长且手扶拐杖，表示年迈。"疾𗀋"字，一人身体不适，躺在床板上，身上出汗，表示疾病。"冠𗀌"字，一人头戴高帽，表示冠。"尾𗀍"字，一人身后有羽毛作装饰，表示尾。从以上文字中可以看出甲骨文有着遵循自然、表现自然形态美的特点。单以"人"字一个原始的基本体态为宿根，不断发展、扩充，形成一组与人有关的字，其发展过程之中不拘泥于自然，价值在于对约定俗成的超脱及对原始内容的强化扩展。如果我们对"人"字部的字进行通览，可以看到古人对从某部的字的造字规律，更可以看到其表达方式千姿百态，既有传统自然情趣的具象表达，也有富有艺术感的抽象表达。在造字过程中，古人提取了自然物象中形态美的精髓，加入自身对自然事物的观察，进行了充满想象力的创造，最终形成了象形文字中自然表现力的特点，既源自自然，又不拘泥于自然。

（二）抽象形态的表现力

象形文字本身就具有抽象的特点，商人对客观事物进行抽象的概括，再准确生动地剥离其神态，用简单抽象的线条符号表述出语言和事物本身的形态来。所以甲骨文文字本身造型生动、形态可掬，富有抽象形态的表现力。

比如"门"字，就是对院门的抽象描述，造型简洁形象。再如"令"字，上面是"口"，下面象"人"跪在那里听命，从口从人，表示发布命令，可以说是形象逼真，意义明了。

（三）装饰形态的表现力

甲骨文字形中有许多图案既透着原始的生动，又夸张繁复，有的还蕴含美好吉祥的意义。这些内容融入文字符号中，形成了具有装饰性的表现力，流露出商人对事物淳朴而又真挚的认识。

如"风"字，与"凤"字为同形，既表现风吹动鸟尾羽毛的灵动，又表现凤鸟美丽的形象，其神韵、造型均透露着艺术之美。再如"虹"字，本身象双头动物形，《说文》云"虹，螮蝀也"，即一种啜饮东方水气之虫，而它的形象正似雨后天空出现的姿态美好的弧形彩虹桥，又似古玉璜，充满着装饰美。还有"美"字，象一个人头上戴满装饰品，扬扬得意地向人展示其自身的美好。

（四）造型形态的表现力

甲骨文本身还具有造型艺术的表现美感。一个个抽象的图像符号，既体现了横、竖、撇、捺、点的笔画特征，又表现了超越事件本身更具有造型感、更引人入胜的艺术生命力。

如"牢"字，外面为一个养牛的圈，里面放入"牛"，将其圈起表示牢。再如"陷"字，下面为一个坑，上面有猎物掉入，甚至还画了几个点，表现猎物掉入时的慌张。

甲骨文形态各异，表达内容丰富多彩，但是其发展基本都是遵循从记录事物自然形态开始，渐渐融入商人对世界的认识、对事物的理解与思考，并最终按照美的规律进行二次创造的规律。甲骨文充满想象力与创造力，蕴含着艺术之美，是我国汉字艺术与绘画艺术甚至其他艺术门类发展的源头。

五、甲骨文与甲骨卜辞中所体现的古代艺术

甲骨文除了对后世文字、绘画等艺术审美的表现与发展产生了深远的影响，还记录了许多商人参与的各类艺术活动，如音乐、舞蹈等。甲骨文与甲骨卜辞中都对"乐"与"舞"有所记载，通过殷契文渊数据库调查，154本甲骨著录中，包含"舞"字的卜辞共出现186次，包含"乐"字的卜辞共出现15次，其他文字如"奏"字68次，"龠"字56次，"鼓"字54次，"磬"字35次，"饗"字18次等。[①] 通过甲骨文与甲骨卜辞的真实记录，我们可以看到3000多年以前商人的艺术活动都有哪些，是什么样的。甲骨文为当世之人展现了千年前的艺术世界，也为我们进行艺术活动、艺术创作提供了源源不断的灵感。

例如，"舞"字在甲骨文中写作"𣥎"，象形字，两足相背，手持物品，象人执牛尾而舞之形[②]。本义是按一定的节奏转动身体表演各种姿势，但也有许多专家认为"舞"通"巫"，"巫"字的甲骨文字形象古代女巫所用的道具，小篆字形象女巫两袖舞形。本义是古代称能以舞降神的人。在《说文解字》中这样解释"巫"："巫，祝也，女能事无形，以舞降神者也。"如果"舞"和"巫"是相通的，那么巫就是通过舞的形式与看不见的世界的神灵进行沟通。巫除了用巫舞与神沟通，还会借助道具、图形、文字等与神沟通。舞就是在巫进行沟通的过程中，手执用血祭后宰杀掉的牛的牛尾而舞的一个记录。

在甲骨文中，与祭祀相关的舞蹈的文字记载很多，其中最多的是求雨的记录。《殷墟甲骨刻辞类纂》中"舞"字一共出现在172条卜辞中，"舞""雨"两个字同时出现有近80条之多。根据屠志芬在《殷墟卜辞所见雨祀乐舞综论》一文中的统计，

---

① 数据均来自殷契文渊，参考查阅时间：2023.12.11，下文不再交代。
② 也有部分专家认为是手持羽毛、手持树叶或是长袖而舞。

包括《甲骨文合集》在内的 20 余种甲骨文资料中的雨祀乐舞卜辞有 135 条，求雨的有 121 条，约占总数的十分之九，且分布于甲骨文各期当中，说明求雨是商代乐舞的一项基本功能。[①] 卜辞所载雨祀乐舞中"舞"所占比重极大，体现了商人"舞善事无形"的巫舞观念。（图 1-5-1）雨祀乐舞不仅是商代最重要的乐舞类型，亦是华夏文化发展历程中源远流长的特色乐舞。作为中华大地上农耕文明的产物，它突出反映了先民努力探求天命的精神及对自我生命机能的认识。

再例如，"乐"字在甲骨文中写作"𠀀"，象形字，字形象鼓鼙木架形。本义指音乐。董作宾先生认为"殷人尚声"，所以有殷人好"乐"，追求声色之美之说。另外甲骨文中还有"奏𠀀"字，据裘锡圭先生考证，奏应是一种乐器，即鼗。另外还有"奏舞"的记载，应是指一边奏乐，一边起舞。如《甲骨文合集》12819，在一片甲骨中有 5 条卜辞，其中 4 条记录了连续数日奏舞的事件。历记辛卯、（壬）辰、癸巳、甲午、□乙五日之事，从辛卯日开始，连日奏舞，无一日停歇，可见乐舞之盛。（图 1-5-2）

图 1-5-1　《甲骨文合集》20973 卜辞所记"雨舞"

---

① 屠志芬：《殷墟卜辞所见雨祀乐舞综论》，《北京舞蹈学院学报》2022 年第 4 期。

```
12819
(1) 庚寅卜，辛卯奏舞雨。  一
(2) □辰奏□雨。
(3) 庚寅卜，癸巳奏舞雨。  一
(4) 庚寅卜，甲午奏舞雨。  一
(5) ……奏……乙……
```

图 1-5-2　《甲骨文合集》12819 卜辞所记"奏舞"

另外在文献史料中，也出现众多记录乐歌名的文字。如《吕氏春秋·古乐》："殷汤即位，夏为无道，暴虐万民，侵削诸侯，不用轨度，天下患之。汤于是率六州以讨桀罪，功名大成，黔首安宁。汤乃命伊尹作《大護》[①]，歌《晨露》，修《九招》《六列》，以见其善。"《墨子·三辩》："汤放桀于大水，环天下自立以为王，事成功立，无大后患，因先王之乐，又自作乐，命曰《護》。"《大護》是商代大型史诗性乐舞，其至发展到周代都是正统音乐的代表。李纯一先生在《先秦音乐史》中有相关卜辞的列举，这些卜辞记载说明了在商代《護》这个音乐是用来祭祀像汤、祖乙、大丁这些商代先王的。[②]

乙亥卜，贞王宾大乙濩亡尤。（《合集》35499）

[①] 《周礼·大司乐》"護"作"濩"，《汉书·礼乐志》同。古"護""濩"两字通。
[②] 李纯一：《先秦音乐史》（修订本），人民音乐出版社，2005 年，第 40 页。

乙卯卜，贞王宾且（祖）乙濩……（《合集》35681）

丁卯卜，贞王宾大丁濩，亡［尤］。（《合集》35516）

商末期，纣王好靡靡之音，朝歌暮舞，通宵达旦，最终亡国。商人以好乐而闻名，商朝邑名"朝歌"也是因商人好乐而起的。《拾遗记》中记载："纣淫于声色，乃拘师延于阴宫，欲极刑戮。师延既被囚系，奏清商、流徵、涤角之音。司狱者以闻于纣，纣犹嫌曰：'此乃淳古远乐，非余可听说也。'犹不释。师延乃更奏迷魂淫魄之曲，以欢修夜之娱，乃得免炮烙之害。"《管子·七臣七主》记载，商纣"诛贤忠，近逸贼之士，而贵妇人，好杀而不勇，好富而忘贫，驰猎无穷，鼓乐无厌，瑶台玉餔不足处，驰车千驷不足乘，材女乐三千人，钟石丝竹之音不绝。百姓罢乏，君子无死，卒莫有人，人有反心。遇周武王，遂为周氏之禽。此营于物而失其情者也，愉于淫乐而忘后患者也"。《史记·周本纪》中所列商纣王的罪状之一就是"断弃其先祖之乐，乃为淫声，用变乱正声，怡说妇人"。

《商书》说："恒舞于宫，酣歌于室。"可见，在商代乐舞艺术有机地融合在祭祀仪式、酒席宴饮中。巫觋中的"以舞降神"其实像我们戏剧里的"角色扮演"，舞蹈动作就是"情节演出"，而巫者的"颂神之辞""祷辞"和"代神言语"是戏剧人物的"语言"。这些古代艺术在甲骨文中都有所体现。

第二章 让甲骨文「活」在当下

一、体操的由来

最早的"体操"一词来源于希腊文。古希腊人崇尚健康强壮的体魄与裸体运动。当然最早的古希腊运动会运动员参赛时并不是裸体的,据说是因为一位身着狮子皮的选手在比赛时不慎将狮子皮掉落,露出了健美的身体,人们发现裸体更能体现人体的健康之美,于是在那之后形成了选手参赛必须赤身的传统。"体操"一词即从古希腊语 Gymnós(裸体),演变成 Gymnastike(体操)。古希腊人把许多锻炼身体的方法都统称为体操,包括跳跃、拳击、舞蹈、军事游戏、摔跤、攀登等。[1] 这种概念一直沿用许多世纪,后来被西方国家列入了学校教材之中用来锻炼学生的体魄。

17—18 世纪,西方教育者又在体操中加入了爬山、游泳等多种内容。到 18 世纪末,德国的两位体操创始者古茨穆茨[2] 和雅恩[3] 一起在继承与发展原有体操项目的基础上又加入了双杠、吊绳、吊杆等项目,并改革了木马、跳箱等器材。18—19 世纪,在德国、瑞典、丹麦等国家现代体操开始形成,并发展出了不同流派,如瑞典体操学派、捷克体操学派等。体操有了不同的类别之后,依托解剖学、生理学的研究,体操的辅助用具如肋木、横木、体操凳、绳梯等便被发明出来。体操开始强调动作要优美活泼,成套的体操动作编创要紧凑且具有艺术美感,练习体操时要穿着体操服装等细节内容。现代体操的诞生进一步推动了体操运动在全世界的发展。

1952 年,赫尔辛基奥运会把体操列为了正式的比赛项目。目前国际上大型体操比赛主要有世界杯体操赛、世界体操锦标赛、奥运会体操赛等。国际和国内大型体操比赛一般包括三种形式:团体赛、个人全能赛、单项赛。

19 世纪,"体操"一词传入中国。

---

[1] 马丽婷:《广播体操训练手册》,天津人民美术出版社,第 2 页。
[2] Johann Christoph Friedrich GutsMuths(1759—1839),德国体育教育家,近代体育的倡导者,被称为"德国体操之父"。
[3] Friedrich Ludwig Jahn(1778—1852),政治体育创始人,被称为"体操之父"。

二、我国古代的"体操"

　　我国古代有许多与体操类似的活动，在文献和出土文物中有许多记载。有史可考的我国最早的"体操"——马王堆汉墓《导引图》（图 2-2-1）已有两 2000 多年的历史。《导引图》中展示的"导引术"，即四十四段锦，就是我国发现的最早的健身操。《导引图》于 1974 年在湖南长沙马王堆三号汉墓出土，是现存最早的一卷有关保健运动的工笔彩色帛画，为西汉早期作品。《导引图》出土时残缺严重，经过拼复共有 44 幅小型全身导引图，从上到下分四层排列，上下四层绘有 44 个各种人物的导引图式，每层各绘 11 幅图。每图式为一人像，男、女、老、幼均有，或着衣，或裸背，其术式多为徒手操练，图旁注有术式名，目前有部分文字可辨。

图 2-2-1　马王堆汉墓《导引图》摹本（局部）

比《导引图》晚 100 多年的东汉时期的五禽戏[①]，也是我国古代保健体操的一种。五禽戏是对虎、鹿、熊、猿、鸟五种动物的拟态运动体操，人们认为这五种动物的体态特征中都蕴含了一些能够让人理气调体的方法。（图 2-2-2）五禽戏发展至今形成了不同的流派，在华佗故里安徽亳州现在流传的主要是董文焕和刘时荣所传的五禽戏[②]。2001 年，国家体育总局健身气功管理中心委托上海体育学院展开了对五禽戏的挖掘、整理与研究工作，编写出版了《健身气功·五禽戏》一书，2003 年由人民体育出版社出版发行。《健身气功·五禽戏》一书中的动作编排按照《三国志》中的虎、鹿、熊、猿、鸟的顺序，动作数量按照陶弘景《养性延命录》中的描述，每戏两动，共十个动作，分别仿效虎之威猛、鹿之安舒、熊之沉稳、猿之灵巧、鸟之轻捷，力求蕴含"五禽"的神韵。2006 年，华佗五禽戏被安徽省人民政府批准为省级非物质文化遗产项目，2011 年，又被国务院列入第三批国家级非物质文化遗产名录。

图 2-2-2　五禽戏形态展示图

此外还有起源于北宋、有 800 多年历史的著名医疗体操八段锦，练习八段锦无需器械，不受场地局限，简单易学，节省时间，男女老少均可练，可使瘦者健壮，肥者减肥。另外还有我国古代乐舞、杂技、戏剧和各类流传于民间的体育运动形式等都具有体操的一些特性。

我们可以看到，中国自古以来的体操类项目都与养生保健有关，这些保健动作许多来源于对自然事物和形象的模仿，如对动物的动作和体态特征的模仿，即仿生类导引。我们的祖先由于对动物或某种自然力量的崇拜，在生活经验的指导下通过思考联想利用仿生的方法创造了像导引术、五禽戏、八段锦等这样的养生健身操，促进了人们的身体素质的提高。事实上，这种仿生经验在文化层面上也被先民利用，比如甲骨文中那些模仿事物本形的象形文字即很好的例子，如"虎"字，甲骨文写作" "，

---

① 据传五禽戏创编者为华佗（约 145—208），出生在东汉末沛国谯县（今安徽亳州）。
② 周金钟：《传统华佗五禽戏》，人民体育出版社，2013 年。董文焕：《华佗五禽戏》，香港天马图书有限公司，2002 年。

象一只长满花纹、张开大嘴与爪子的老虎。这种字形的仿生与五禽戏中的身体仿生模式，有异曲同工之妙。

三、我国现代广播体操的起源与发展

广播体操的诞生离不开中国特殊历史时期的大背景，充满着历史使命。它不仅是新中国标志性群众体育运动项目，还是国人集体生活形态和国家群体性动作仪式的散播模式，广播体操在施行过程中早已逐步超越了单纯的健身价值。[1] 这项运动从1951年诞生至今已73年，是中国参与人数最多的一项群众体育运动，它的发展历史是中国群众体育运动的缩影，是中华民族一个时代的记忆。[2]

（一）我国广播体操的起源

中华人民共和国成立之初，面临着复杂的社会状况。当时受战争、疾病、贫困、医疗水平及民国时期遗留的鸦片吸食等多因素影响，中国人的平均寿命低于世界平均水平，婴幼儿死亡率高。在国民体质普遍较差，且直接影响生产建设及人民正常生活的情况下，党和国家领导人及部分学者认为，首先要从普及全民运动的角度来改善该问题，并认为普及体育运动必须建立高效的国家体育组织加以管理指导，将体育普及到千百万人民中间，开展新民主主义的新体育建设。

1949年10月27日，中华全国体育总会筹备委员会（以下简称体总筹委会）在北京成立（后称中华全国体育总会第一届全国代表大会），体总筹委会召开了第四次常务会议，实事求是地制定了开展体育运动的方针：在恢复经济时期，不搞大型运动会，着重抓普及。体育工作要由学校到工厂，由军队到地方，由城市到农村，把重点放在普及上。[3]

在此大背景下，广播体操应运而生。广播体操动作简单易学，容易普及，且对场地设施要求较低，不同年龄、性别和健康

---

[1] 路云亭：《广播体操是国家的动作仪式符号》，《体育学刊》2013年第1期。
[2] 于丽爽：《中国广播体操由来》，《传承》2010年第10期。
[3] 苏肖晴：《新中国第一套广播体操与体育邮票》，《体育文史》1998年第4期。

状况的人都可以练习。可以说，广播体操的诞生绝非偶然，它是社会发展需要、人民大众需求与国外经验借鉴等多因素相互融合发展的产物，带有浓厚的时代气息和政治意愿。

1950 年 8 月，为改变体育事业发展落后的状况，中国体育代表团访问了苏联，对苏联的体育制度和体育运动项目进行了深度考察，尤其是苏联的"劳卫制"，对中国体育事业的发展影响深远。受此启发，归国华侨杨烈针对中国体育设施极度缺乏的情况提出了在全国范围内编创一套"健身操"的建议，并得到了体总筹委会的支持。在体育基础薄弱、体育人才匮乏的年代，中国人民根本没有"做操"的概念，编创"健身操"在中国历史上是第一次，"健身操"的编创人选成了当时最大的难题。此时，杨烈想到了同在体总筹委会的老同事刘以珍，她毕业于北京师范大学体育系，毕业前经常做一种由日本引进的"健身操"。这种操需要参与者在音乐的伴奏指挥下有节奏地运动，因日语"广播"的汉语发音与"辣椒"相似，很长一段时间，大家都称这种操为"辣椒操"。

在借鉴日本"辣椒操"的基础上，新中国的第一套广播体操的编创进展很快，下肢运动、上肢运动、胸部运动、体侧运动、转体运动等动作设计一一确定，其运动强度逐渐增大，第八节跳跃运动之后是整理运动。为了适应国民需要，刘以珍在"辣椒操"的基础上，自创了一节呼吸运动作为整套操的结束。为了便于向全国推广，刘以珍又自学了日本的体操术语，为这套广播体操编写了注释与图解，同时邀请了当时中国著名的体育教育家马约翰的儿子马启伟做模特，制作了图文并茂的广播体操挂图，最后又邀请曾谱写过《新四军军歌》《青年之歌》等歌曲的著名作曲家何士德根据广播体操的节奏特点作曲、配乐。1951 年 11 月 24 日，该套广播体操传遍中国大地，对中国体育事业发展影响半个多世纪的广播体操就此诞生。[1] 从此，每天喇叭一响，千百万人随着广播音乐做操，成为中国历史上破天荒的新鲜事。[2] 据统计，仅 1952 年在北京、天津、上海等地区经常参加广播体操运动的人数就达 200 万人以上。[3] 广播体操的出现，不仅推动了全民运动的广泛开展，也激发了广大群众服务国家建设的热情。这种由政府主导、自上而下的身体治理活动形式，蕴含了中国共产党的治国智慧，它强化了新中国的国民意识，唤醒了人们追求美好生活的向往，重塑了国民新的精神面貌。

---

[1] 姜桂萍、纪仲秋、杨明、姚明：《中、日两国广播体操发展历程及运动负荷的比较研究》，《北京体育大学学报》2001 年第 2 期。
[2] 许友根：《开展广播体操的回顾与思考》，《体育文史》1993 年第 6 期。
[3] 路云亭：《广播体操的仪式导引特性》，《体育文化导刊》2012 年第 11 期。

（二）我国广播体操的发展

我国广播体操的发展一共经历了三个阶段，分别是体质健康时代（1949—1994）、全民健身时代（1995—2015）、健康中国时代（2016 年至今）。在广播体操 70 多年的发展中，由国家行政机构编审、推行的广播体操共有 33 套，主要集中在体质健康时代（19 套）和全民健身时代（14 套），其中第 1—3 套《全国中小学生（幼儿）系列广播体操》分别包含 2 套、5 套和 4 套。广播体操在不同的时代背景下，呈现了不同的发展特点，反映了不同时代政策观和体育观的发展与提升。（表 2-3-1）

表 2-3-1：我国广播体操发展一览表

分类 / 编委 / 阶段	成人广播体操	儿童广播体操 7—9 岁	少年广播体操 9—12 岁	幼儿广播体操 5—7 岁	中小学生（幼儿）系列广播体操 5—16 岁	大众广播体操	合计
	国家体委、国家体育总局	国家体委	国家体委	国家体委	教育部	国家体育总局	
体质健康时代（1949—1994）	第 1 套 1951 年	第 1 套 1954 年	第 1 套 1955 年	第 1 套 1992 年			19
	第 2 套 1954 年	第 2 套 1956 年	第 2 套 1956 年				
	第 3 套 1957 年	第 3 套 1957 年	第 3 套 1957 年				
	第 4 套 1963 年	第 4 套 1963 年	第 4 套 1963 年				
	第 5 套 1971 年	第 5 套 1973 年	第 5 套 1978 年				
	第 6 套 1981 年	第 6 套 1982 年					
	第 7 套 1990 年						

续表

分类 \ 编委 \ 阶段	成人广播体操	儿童广播体操 7—9岁	少年广播体操 9—12岁	幼儿广播体操 5—7岁	中小学生（幼儿）系列广播体操 5—16岁	大众广播体操	合计
	国家体委、国家体育总局	国家体委	国家体委	国家体委	教育部	国家体育总局	
全民健身时代（1995—2015）	第8套 1997年 第9套 2011年				第1套 1998年（含2套） 第2套 2002年（含5套） 第3套 2008年（含4套）	第1套 2005年	14
健康中国时代（2016年至今）							
合计	9	6	5	1	11	1	33

　　第一阶段是广播体操发展较为密集的推广阶段，推广受益人群涉及全民。这一阶段平均3—4年就会推出一套广播体操，总套数达到19套。即使在动荡时期中国体育事业停滞不前的状态下，广播体操的编创、推广普及工作也在进行。这时的广播体操顺应了国民健身的需求，具有安抚人心的感性作用，重塑了国家形象和国民面貌，逐渐成为中国特色体育活动形式。

　　第二阶段，广播体操从全民逐渐走向了以学生为主体。随着改革开放的全面深化，经济、社会得到快速发展，我国体育事业不断改革创新，人们的思想进一步得到解放，体育观和健康观也发生了新的转变，人们参加体育运动的主观性更强了。广播体操也顺应体育事业改革，呈现了新的发展特点。随着全民健身服务体系逐步完善，多元运动项目兴起，群众参与运动的方式由集中组织的形式转向个人兴趣占主导的自发组织形式，广播体操开始逐步转入学校教育中。为落实素质教育要求，改善和提高学生体质健康，教育部相继推出了3套《全国中小学生（幼儿）系列广播体操》，开创了广播体操系列化的时代。《全国中小学生（幼儿）系列广播体操》的编排和颁布遵循了系列化、层次化、多元化的编创原则，成套动作内容符合不同年龄阶段学生的生理、心理发展水平特征。[①]

第三阶段是我国广播体操多元发展的阶段。2016年10月25日，中共中央、国务院颁布《"健康中国2030"规划纲要》，明确了全民健康作为健康中国建设的根本目的，立足全人群和覆盖全生命周期，实现更高水平的全民健康，是对全民健身时代体育思想的继承和超越。这一阶段国家行政部门暂停了广播体操的编创工作，更加注重其内涵式发展和价值促进。虽然国家级别的行政机构编审、推行的广播体操没有更新，但是各类文化广播体操开始盛行，如戏曲广播操、武术广播操等开始向文化性、风格性、艺术性多方位、多元素的方向发展，从而实现了从万人同操到百操齐放的蜕变。新时代的广播体操不再千篇一律，而是作为一种融合载体，编创风格更加独特。广播体操推广水平和力度整体提升，广播体操开始呈现普及化、经常化、赛事化趋势，这既是健康中国全民"共享共建"理念的具化，也是全民健康意识提升的表征。

广播体操是全民运动基础性和广泛性相统一的活动形式，是物质建设和精神建设相统一的一项文化活动，它的发展变迁是我国不同时代体育事业发展变迁的缩影。进入新时代，广播体操已经成为中国特色社会主义体育事业、健康事业的重要组成部分，未来它应在推动社会主义精神文明建设、助力健康中国新发展的目标中，通过拓宽功能内涵和强化创新引领，走上"文、艺、体"结合的多元化、可持续发展的新道路；应在单一与多元、传统与现代之间权衡取量，坚守鲜明的中国特色，以身体实践来彰显民族文化符号，延续全民健身的群众记忆和精神思维，以适应现代化发展中的挑战和冲击，实现新的发展和寻求新的认同。

---

① 王府：《全国中小学生系列广播体操成套动作编排特征及其发展走向研究》，《青少年体育》2022年第11期。

四、甲骨文广播体操的编创过程

（一）前期准备

2018 年，我申请了甲骨文信息处理教育部重点实验室课题“殷商乐舞形式分析与甲骨文字形中的乐舞形态探索”。当时我构想的是搭建一个和舞蹈专业相关的研究。商代乐舞在卜辞记载与文献史料中是真实存在过的，如果编排一个商代舞蹈或相关艺术作品，或可通过甲骨文寻找动作元素和文化风格。于是在安阳师范学院甲骨文信息处理教育部重点实验室“殷契文渊”平台的帮助下，我查阅了大量的甲骨文资料，最终对甲骨文的审美意识、人文形象、艺术造型、艺术表现等进行了分析研究，

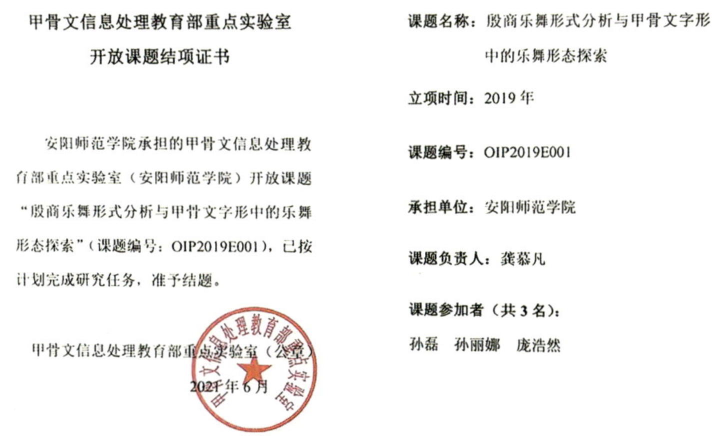
甲骨文信息处理教育部重点实验室
开放课题结项证书

安阳师范学院承担的甲骨文信息处理教育部重点实验室（安阳师范学院）开放课题“殷商乐舞形式分析与甲骨文字形中的乐舞形态探索”（课题编号：OIP2019E001），已按计划完成研究任务，准予结题。

甲骨文信息处理教育部重点实验室（公章）
2021 年 6 月

课题名称：殷商乐舞形式分析与甲骨文字形中的乐舞形态探索

立项时间：2019 年

课题编号：OIP2019E001

承担单位：安阳师范学院

课题负责人：龚慕凡

课题参加者（共 3 名）：
孙磊　孙丽娜　庞浩然

图 2-4-1　甲骨文信息处理教育部重点实验室开放课题结项证书

并从中找出了近40个字，提炼出了肢体形态。虽然这与通过壁画、陶俑、文物提炼汉唐时期舞蹈造型体态从而进行重建复现的作品还相差甚远，但也是在尽其所能去寻找"真相"，是目前能够感受商人乐舞美学意识的方法与途径。该项目于2019年结项，为甲骨文广播体操的未来实践打下了理论基础。（图2-4-1）

在博士论文答辩期间，刘永革院长的一通长途电话让我产生了编创甲骨文广播体操的想法。院长说实验室的研究要"顶天立地"，"顶天"是上层新材料的开发与建设，"立地"是向下的传承与推广。院长希望做一个全民皆可参与的活化项目，让更多人了解、熟悉甲骨文，帮助甲骨文这样的"冷门绝学"在中华大地上真正地"活"起来。我们上层材料匮乏，顶尖人才资源不够，这是目前实际存在的问题。只有下层传承做好，未来才能有更多的相关人才加入研究团队。院长的这些话让我深刻意识到了工作的重要性，对于文化的传承我们要做到：第一，要规范；第二，要科学；第三，要小中见大。

想要对3300年前的文字进行传承推广一定要与当代人的生活产生链接。关键在于如何落实，落实到什么上去。我意识到了舞蹈受众面太小，并且它的动作路线是不好掌握的，字体呈现也会在传播过程中由于动作的改变而逐渐模糊不清，不容易让民众理解。但广播体操不同，广播体操是具有中国特色的全民健身方法，操化运动通常是机械化的肢体运动，对人的身体能起到训练作用。广播体操一般情况下由预备运动、伸展运动、扩胸运动、踢腿运动、体侧运动、体转运动、全身运动、跳跃运动、整理运动共同组成，动作路线是程式化规定动作，这为编创提前做到了科学性与规范性。另外在推广过程中我们可以以字为单位进行讲解，潜移默化地把文字、文化、艺术融合在一起，只需要选择合适的甲骨文，并将甲骨文背后的文化含义讲好，即能在全民推广过程中取得较好的效果。

我国自1951年推出广播体操到现在，广播体操已经成为中国集体主义精神的身体性象征符号。如今，我们将广播体操中蕴含的积极、健康的动作元素，与古文字的艺术文化魅力融合，不仅丰富了形式单一的广播体操的内容，而且为寻找更多有创新意义的文化推广路径与全民健身实践经验指示了一个可尝试的方向，其象征性意义与传播意义要远远大于作为健身体育项目的价值。

（二）编创的核心要义与目标追求

习近平主席在2024年新年贺词中指出："良渚、二里头的文明曙光，殷墟甲骨的文字传承，三星堆的文化瑰宝，国家版本馆的文脉赓续……泱泱中华,历史何其悠久,文明何其博大,这是我们的自信之基、力量之源。"甲骨文广播体操正是全面贯彻党的文化、体育方针,贯彻落实习近平文化思想,积极响应"全民健身""全民健康"的号召,坚持以体铸魂、以体启智、以体育人,实现文化传承与全民健身的同向同行、双向奔赴的见证。

1. 增强人民体质、服务全民健身和推进健康中国建设是核心要义

国家体育总局等七部委《关于广泛推广普及广播体操的通知》指出:"广播体操和工间健身制度作为全民健身的重要手段和平台,在推动全民健身活动的广泛开展、提高人民身体素质和健康水平,促进人的全面发展,丰富人民精神文化生活,促进社会主义精神文明建设等方面具有不可替代的积极作用。"甲骨文广播体操以文化为载体,以全民健身、全民健康为目的,旨在贯彻落实国家体育总局关于提高人民身体素质和健康水平的部署要求,用广播体操的形式赋予古老的甲骨文新的生命力。它既从中华优秀传统文化中汲取营养,又在体育运动中寻找力量,让两者有机结合、交相辉映,从而引导大众积极参与体育锻炼和体育活动,以期达到增强全民体质、塑造良好人格、陶冶情操、促进身心全面发展的目的。

2. 实现中华优秀传统文化传承与全民健身相结合是目标追求

"十四五"规划和2035年远景目标纲要明确提出2035年建成"体育强国"的目标。体育已成为中华民族伟大复兴的标志性事业,是塑造国家形象的重要手段,是展示国家文化软实力的重要平台,也是弘扬和传承中华优秀传统文化的重要载体。甲骨文广播体操将体育运动与中华优秀传统文化相结合,让甲骨文与广播体操碰撞出"新火花",用中华优秀传统文化点燃体育锻炼的"新火种",突破了传统健身模式,打造了"体育 + 文化"的新模式。

(三)学科交叉融合的开发思路

甲骨文广播体操立足于甲骨文"书画同源"的特点,从字形本身寻找身体律动与体态的结合点,运用19个甲骨文字,把甲骨文与广播体操结合,编创了九节体操内容,实现了古文字、体育、音乐、舞蹈等学科的交叉融合,是富有创新意识的,对增强中华优秀传统文化的影响力、创造力颇有意义的有力尝试。

基本开发思路如下:提出开发方案→数据与专业资料查询→字形分析与身体体态探索融合→根据所选字形与训练目标制作音乐→完成完整九节甲骨文广播体操→以"继承中华传统优秀文化、弘扬时代精神"为目标进行公益推广→出版书籍,录制视频,

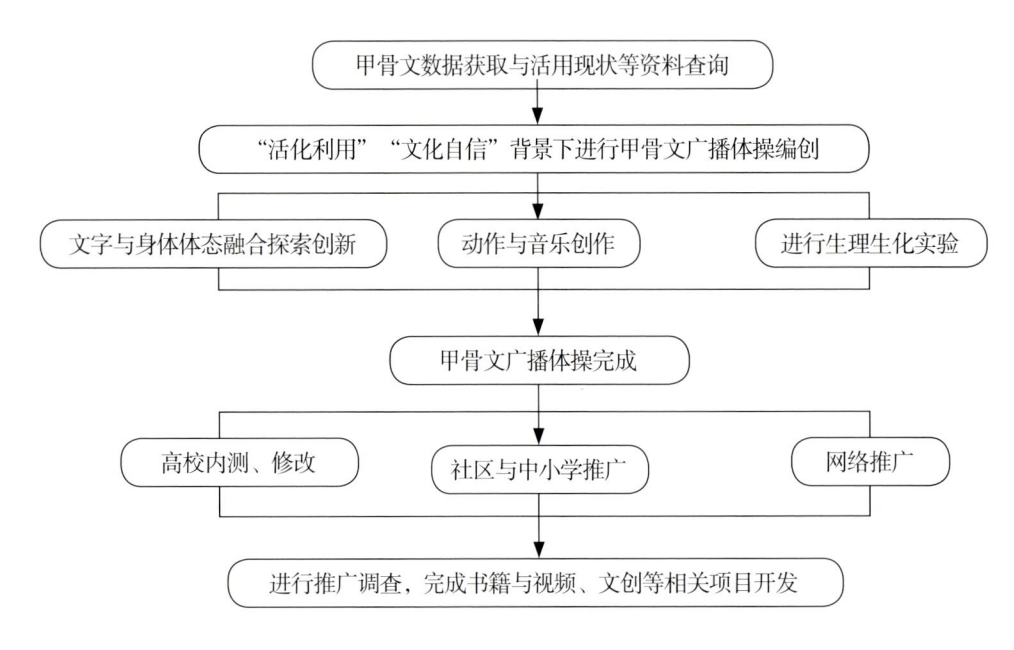

```
┌─────────────────────────────────────────┐
│   甲骨文数据获取与活用现状等资料查询    │
└─────────────────────────────────────────┘
                    ↓
┌─────────────────────────────────────────────────┐
│ "活化利用""文化自信"背景下进行甲骨文广播体操编创 │
└─────────────────────────────────────────────────┘
                    ↓
┌──────────────────┐ ┌──────────────┐ ┌────────────────┐
│ 文字与身体体态融合探索创新 │ │ 动作与音乐创作 │ │ 进行生理生化实验 │
└──────────────────┘ └──────────────┘ └────────────────┘
                    ↓
        ┌───────────────────────┐
        │   甲骨文广播体操完成    │
        └───────────────────────┘
                    ↓
┌──────────────┐ ┌──────────────────┐ ┌──────────┐
│ 高校内测、修改 │ │ 社区与中小学推广 │ │ 网络推广  │
└──────────────┘ └──────────────────┘ └──────────┘
                    ↓
┌─────────────────────────────────────────────────┐
│ 进行推广调查,完成书籍与视频、文创等相关项目开发 │
└─────────────────────────────────────────────────┘
```

图 2-4-2　甲骨文广播体操编创推广思路图

开发文创等周边产品。（图 2-4-2）

（四）甲骨文广播体操编创情况

1.动作的编创与构思

甲骨文广播体操全操共使用 19 个甲骨文（包含象形字、会意字），分为九节。前五节按照身体活动顺序进行编排，从全身舒展到依次活动每个关节；后三节按照身体素质提升标准进行编排，以达到身体柔韧、灵敏、协调的训练目标；最后一节整理运动，目的在于平复呼吸，放松肌肉。（表 2-4-1）

①预备运动（以甲骨文"卯" "走"的字形为依据设计形体动作）

"卯"字动画二维码　　　　　　　　　　"走"字动画二维码

②伸展运动（以甲骨文"人" "舞" "女"的字形为依据设计形体动作）

"人"字动画二维码　　　　　　"舞"字动画二维码　　　　　　"女"字动画二维码

③扩胸运动（以甲骨文"走" "射" "大" "水"的字形为依据设计形体动作）

"射"字动画二维码　　　　　　"大"字动画二维码　　　　　　"水"字动画二维码

第二章　让甲骨文"活"在当下

④踢腿运动（以甲骨文"萬""方""天"的字形为依据设计形体动作）

"萬"字动画二维码　　　　"方"字动画二维码　　　　"天"字动画二维码

⑤体侧运动（以甲骨文"父""大""申"的字形为依据设计形体动作）

"父"字动画二维码　　　　"申"字动画二维码

⑥体转运动（以甲骨文"祝""大""卜"的字形为依据设计形体动作）

"祝"字动画二维码　　　　"卜"字动画二维码

⑦跳跃运动（以甲骨文"走""文""交"的字形为依据设计形体动作）

"文"字动画二维码　　　　　　　　　"交"字动画二维码

⑧全身运动（以甲骨文"天""心""人""身""大"的字形为依据设计形体动作）

"心"字动画二维码　　　　　　　　　"身"字动画二维码

⑨整理运动（以甲骨文"走"的字形为依据设计形体动作）

表 2-4-1：甲骨文广播体操各节涉及甲骨文及其内涵

第一节 预备运动 8 拍 ×4	卯、走
	以一年言之，卯为春门，万物始发，为茂盛之象；以一日言之，卯在早上 5 时至 7 时，早起锻炼，砥砺笃行，乃勤奋有为之象。

续表

第二节 伸展运动	人 ⺅、舞 🈶、女 ⼥
8拍×8	鸡鸣东方，曙光乍现，正可舒展心情，快乐起舞。
第三节 扩胸运动	走 ⼤、射 🈶、大 ⼤、水 ⽔
8拍×8	阳光朗照，风行水上，气韵和煦，矫首扩胸，弯弓射鹄，踔厉奋发。
第四节 踢腿运动	萬（万）🈶、方 ⼁、天 ⼤
8拍×8	八方来贺，和乐齐奏，众美毕集，祥云瑞彩。
第五节 体侧运动	父 ⽗、大 ⼤、申 🈶
8拍×8	"申"为伸展和舒貌，"父"乃万物化生之本，为兴起之貌。申申如燕，祝愿大兴大旺。
第六节 体转运动	祝 🈶、大 ⼤、卜 ⼁
8拍×8	面向四方，祈祝大福大有。

续表

第七节 跳跃运动 8拍×8	走 犬、文 犬、交 犬
	人间大道，刚柔相济，兼容并蓄，方可有成。
第八节 全身运动 8拍×8	天 犬、心 ♥、人 人、身 犬、大 犬
	宇宙大道，顺应自然，进退有度，方能和谐。
第九节 整理运动 8拍×4	走 犬
	万物之动，终归于静；天道酬勤，宁静致远。

2. 音乐的编创与构思

甲骨文广播体操的音乐创作与构思是围绕着以下三个问题进行的：第一，商代从建立至今有3600多年的历史了，3000多年前的音乐会是什么样子呢？第二，音乐要采用哪些乐器来体现商代的元素？第三，这个乐曲是要服务广播体操的，一个服务现代产物的商代音乐应该如何去写？它的音乐风格如何定位？音乐的结构如何布局？

围绕这三个问题，甲骨文广播体操的音乐团队在以下几个方面进行了尝试：

首先，中国古代的音乐是以歌、舞、乐三位一体的乐舞形态呈现的。文献中有关于舞蹈和乐器的记载，但很难让我们"闻其音"。从出土的文物来看，商代的音乐已经发展到了奴隶制社会较高的水平，仅在殷墟出土的各类乐器就多达100余件，其中最著名且对后世影响最深远的当数钟和磬。因此，音乐的设计要将这两件乐器的音色作为首选。

其次，由于甲骨文广播体操的特性，音乐的律动不仅节奏要鲜明，而且要契合体操的艺术特点。旋律不必太复杂，要让人人都能听得懂，都能产生一定的时代代入感。由于商代的乐舞大都是伴随着祭祀活动的，因此旋律的特点也要带有一丝神秘色彩。

最后，音乐的整体风格要古朴而大气、庄严而又不失活泼，给人一种能够回望历史的感觉。在结构构思上，要突破传统广播体操音乐的章节性，体现整体统一性。因此音乐的结构布局除服务于不同章节的训练所需外做了前后呼应的处理，以此来体现一种"和"的理念。

甲骨文广播体操中所用到的商代乐器有：

①铙，击奏乐器，青铜制。一般会分为3件一套或5件一套，形制花纹相同，大小相次，所以也叫编铙。如殷墟出土的13套编铙就是商代编铙的代表。

②钟，编钟。用青铜铸造的商代的钟已经可以实现一钟两音了，就是说敲击同一个钟的不同的部位，会产生两个不同的音高，这是商人的一大发明。

③磬。甲骨文中"声音"的"声"字作"", 象击磬而声传于耳。"磬"字在甲骨文中的形态是左边为一个吊着的石头，右边为一只手执槌敲打（图2-4-3）。在商代，磬可以作为发声的代表。

图2-4-3　"磬"字的甲骨文

编钟、编铙、编磬的声音二维码[①]

---

① 声音来源《甲骨文广播体操》，作曲：傅蒸蔚。

④鼓。鼓是商代非常典型且有代表性的乐器，在文献中也有对商代鼓的记载，如《诗经·商颂·那》："奏鼓简简，衎我烈祖。"在甲骨文中，"鼓"字左边是一个鼓的形态，右边是一手持一鼓槌在敲击左侧的鼓（图2-4-4）。由于制作青铜鼓所耗青铜材料较多，且技术难度较高，因此商代青铜鼓的铸造量并不是很大。世界上现存的商代青铜鼓仅有两件：一件是"崇阳铜鼓"，现存于湖北省博物馆，是该馆的"十大镇馆之宝"之一；另一件是"夔神鼓"，流失海外，现存于日本泉屋博古馆。"夔神鼓"的鼓身饰有神像"夔"，鼓身中空，鼓面做成蟒皮形，有鳞片纹。"夔"是《尚书·舜典》中记载的舜帝亲自任命的掌管宫中祭祀典乐的乐官。钟鼓之乐在古代一直都有很高的地位，青铜鼓更是地位与王权的象征。

图 2-4-4 "鼓"字的甲骨文

除了典型的商代乐器，甲骨文广播体操的音乐中用到的古代乐器还有排箫、古琴、古筝和琵琶。另外，为了体现人与自然的和谐统一，音乐中特意加入了鸟鸣和流水的声音。甲骨文广播体操的音乐是一首完整的乐曲，各乐段之间联系紧密，首尾呼应，

古琴声音二维码　　琵琶声音二维码　　排箫声音二维码

水声二维码　　合奏声音二维码　　全操完整音乐二维码

第二章　让甲骨文"活"在当下　041

图 2-4-5　甲骨文广播体操音乐（儿童版）录制现场

图 2-4-6　甲骨文广播体操音乐（成人版）录制现场

图 2-4-7　甲骨文广播体操音乐制作

做操者在锻炼身体的同时既能感受到中国古典音乐自然、古朴的气质，又能拥有回望历史的音乐体验。（图 2-4-5、2-4-6、2-4-7）

3. 徽标及卡通人物形象的设计

甲骨文广播体操徽标的设计是以甲片为背景，配以现代活泼的中英文字体。甲片上的文字为甲骨文"舞"字，为了贴合甲骨文"活"起来的目标，这个"舞"字是一个动态的形象，表示手脚与身体的直线均被改为了曲线，让我们仿佛能感受到一人手持牛尾而舞的动感。（图 2-4-8）

为进一步丰富甲骨文广播体操的内容，也为了以更喜闻乐见的方式推广传播，尤其是为了更加生动活泼地向广大青少年儿童讲述、展示甲骨文背后的故事，设计团队为甲骨文广播体操中涉及的 19 个文字及动作形态设计了 19 个卡通人物形象，其中男孩形象 9 个，女孩形象 10 个。这样既方便中小学教学展示，又为下一步文化文创产品的开发进行了探索，打下了基础。（卡通人物形象见下章）

图 2-4-8　甲骨文广播体操徽标设计

五、体艺赋能，全民健身

（一）科学运动，身心健康

甲骨文广播体操运动持续时间约为 5 分 2 秒，共计九节动作，包括预备运动、伸展运动、扩胸运动、踢腿运动、体侧运动、体转运动、跳跃运动、全身运动和整理运动，整体设计结构合理，符合科学锻炼的要求。预备运动属于热身阶段，参与运动者平均心率为 80 次 / 分；从伸展运动开始至体转运动，心率上升到 110 次 / 分；从跳跃运动开始，心率逐渐达到整套体操的最大心率，接近 160 次 / 分。整套广播体操运动过程中参与运动者平均心率在 120—135 次 / 分，该心率相对于青少年及中老年人群均属于中等强度的运动。

1. 甲骨文广播体操对肺活量、心率、血压和 HRV（心率变异性）的影响

甲骨文广播体操中的伸展、扩胸和全身等运动，通过对胸廓的拉伸和胸廓肌肉的刺激，一定程度上能够缓解青少年坐姿不良、成年人伏案工作导致的胸廓扩张性降低，增强肺的弹性，进而改善肺部的循环机能。通过运用 FIRSTBEAT 系统对甲骨文广播体操进行监测可知，甲骨文广播体操强度适中，如参与者能够长期规律性地练习该体操，或对改善睡眠质量、降低安静心率、促进血管的侧枝循环等有一定帮助。我们通过 12 周的甲骨文广播体操锻炼实验，发现其对青少年和中老年人 HRV 水平，能量消耗、过量氧耗水平均有明显提高效果。

2. 甲骨文广播体操对身体柔韧性和平衡能力的影响

甲骨文广播体操通过对上下肢和躯干等部位肌肉的拉伸动作，可增加肌肉及肌腱的弹性，其中"人""舞"和"女"等文字的动作，能够增强关节的活动度，提高全身柔韧性；"萬""方"和"天"等文字的动作，能够有效提高膝关节局部肌肉的力量，增加下肢的稳定性；转体等动作能很好地锻炼脊柱周围及核心区的肌肉，有助于缓解长时间学习或工作导致的颈椎、腰椎紧张等不适症状，提升身体整体平衡能力。

（二）启智润心，以操育人

甲骨文广播体操是一项有益于人民生命健康和体育强国建设的全民健身运动。一是它符合《全民健身条例》和《体育强国建设纲要》的具体要求，能够有效促进全民健身的普及和发展，提高人们的健身意识和参与度，对于推动全民健身和体育事业的发展具有积极的意义。二是它结合甲骨文元素，体现了中华文明特色鲜明的精神内核，通过体操动作来展现甲骨文的形态和意义，增强了文化性、艺术性、趣味性、训练性和实用性。三是简单易学，适用性广，是一种适合广泛推广的全民健身运动，对于提高广大人民群众的体育健身意识和体质健康水平起到积极的作用。

（三）推广传承，赓续文脉

2023年6月，甲骨文广播体操开始进行教学推广，主要面向群体为在校学生、企事业单位工作人员及社区中老年群体。目前从各方面传播推广数据与反馈来看，群众接受度较高，社会影响面较大，文化传播力度较强，得到了群众的广泛关注与认可。甲骨文广播体操录制了教学版、成人版、儿童版等多版本视频，在网上进行了推广传播，关注人数已达6000余万人。（图2-5-1）

图2-5-1 本书作者与小朋友一同做甲骨文广播体操

在安阳市内，我们与安阳市政府合作，采取"五进"（进机关、进学校、进社区、进公园、进农村）方式在全市开展甲骨文广播体操的学习推广工作：我们联合安阳市教育局，于2023年7月至2024年3月开展了11轮甲骨文广播体操教师培训，共培养4000多名骨干教师，覆盖全市160余所学校，共100多万名学生。安阳市、县、区内所有大、中、小学及幼儿园全面铺开教学学习工作，甲骨文广播体操进入了学生们的大课间与课余生活。除学校外，安阳市30余家市直机关单位、企业将甲骨文广播体操作为工间操，同时，在县（市）、区、乡、镇利用农民夜校、新时代文明实践中心、公园、广场等场所，组织群众学跳甲骨文广播体操。2024年6月1日，来自安阳市各行各业的17支代表队伍，共1100余人在安阳师范学院进行了甲骨文广播体操推广展演活动。（图2-5-2、图2-5-3、图2-5-4）"满城尽跳甲骨文"的热情，使安阳市民因为甲骨文广播体

图 2-5-2　安阳市甲骨文广播体操推广展演活动现场全景

图 2-5-3　安阳市新一中学代表队表演甲骨文广播体操　　　　　　　图 2-5-4　安阳市汤阴县代表队表演甲骨文广播体操

操开始认识、了解并喜爱上古老的甲骨文。全国范围内，北京、山东、湖南、河北等多地学校引进了甲骨文广播体操，开展教学推广，仅线下受众就达 200 余万人，受到大家一致好评。

在海外推广方面，甲骨文广播体操已经成为甲骨文文化传播的重要途径和手段。我们背靠"数字甲骨共创计划"，未来将在 14 国进行甲骨数字回归和甲骨文推广传播交流工作。目前已经收到韩国大邱庆北华侨华人联合会与法国的邀请，预计不久即会开启两国的宣传推广。2024 年 6 月 22 日，第 30 届北京国际图书博览会（BIBF）海外各国学者团受邀走进安阳。借此机会我们向 19 国图书馆馆长赠送了《甲骨文广播体操》样书，将甲骨文文化以这样的形式带入了各国图书馆。2024 年 7 月 15 日，国务院侨务办公室主办的旨在宣传中华文化、增进华裔青少年和海外各界了解中华优秀传统文化的重要品牌活动之一"中华文化大乐园"在意大利举行，出访团队带着甲骨文广播体操在此次活动开幕式上进行了推广与展示。

甲骨文广播体操融合了古文字、舞蹈、体育等内容，传播推广途径简单，又兼具艺术性、体育性价值，好看、好玩、好学，所以一经推出便得到了许多关注。中央电视台《焦点访谈》《走遍中国》《文脉春秋》《美丽中国说：可爱的家》《文化与自然遗产日：与非遗同行　品文化传承》等栏目，CETV 中国教育电视台，《环球时报》《光明日报》《中国教育报》《小学生学习报》《北京少年报》，人民网、环球网、光明网、央视网，国家奥林匹克公园客户端、"学习强国"等千余家主流媒体对其进行了相关报道，特别是社交平台、短视频平台为甲骨文广播体操的传播注入了新的活力。可以说，甲骨文广播体操实现了全民关注、全民学习、全民参与、全民喜爱的"破圈"。（图 2-5-5）

图 2-5-5　艺术体操名将隋剑爽在北京鸟巢、水立方领跳甲骨文广播体操

（四）制定标准，规范练习

为了更好地巩固甲骨文广播体操的技术要领和文化内涵，以便于进一步规范推广，安阳师范学院牵头成立了"甲骨文广播体操标准编制组"，对甲骨文广播体操标准进行编制、起草并申请立项。

标准草案申请立项列入计划后，编制组在前期工作基础上邀请了体育专家对每一节体操的运动训练价值及训练肌肉群进行了标准化撰写，并对传播教学的教授方式方法进行了讨论与标准化整理。最终，针对甲骨文广播体操的标准形成了《甲骨文广播体操动作规范》征求意见稿。我们发布了该稿公开征求意见，共收到意见33份，其中回函有具体建议或意见的为9份，无建议或意见的为24份。随后我们对征求意见稿进行了进一步的修改，形成了送审稿。

2024年4月8日下午，《甲骨文广播体操动作规范》地方标准评审会在甲骨文信息处理教育部重点实验室召开。国家体育总局、河南省标准化和质量研究院、安阳市市场监督管理局、安阳市委宣传部、安阳市文广体旅局、中国社会科学院考古研究所、中国文字博物馆等单位的专家参加了此次会议。会议由安阳市市场监督管理局主持，推选出专家委员会组长。与会专家听取了《甲骨文广播体操动作规范》(送审稿)的编制情况汇报，随后对甲骨文广播体操的项目名称、定义、术语、动作要求及标准结构等进行了细致的讨论，并对送审稿进行了审查，形成了审查意见和修改意见。《甲骨文广播体操动作规范》（送审稿）修订后送审至全国标准信息公共服务平台，于5月1日颁布实施。

《甲骨文广播体操动作规范》二维码

第三章 甲骨文广播体操基础形体动作讲解

一、基本脚位

（一）站立

并立步

两脚并拢站直。

（二）大字位

开立步

两脚分开站立，脚尖稍向侧打开。

（三）前弓步

前弓步

两脚前后站立，脚尖向前，前腿屈膝约 90 度，后腿伸直，脚跟落实，脚尖稍向外打开。

（四）侧弓步

侧弓步

双脚左右打开，一腿弯曲成弓步，脚尖稍外开，膝盖屈向脚尖方向，身体重心移向屈腿方；另一腿伸直，脚不离地面，膝盖向脚尖方向。

（五）交叉步

交叉步

两脚前后交叉，膝关节稍屈。

二、基本手型

（一）掌型

并掌

五指并拢的掌型。

（二）舞型

舞型

五指张开，小拇指、无名指、中指依次内旋成花掌，表示手持牛尾，掌心向前，提腕压手。

（三）拳型

拳型

四指并拢与大拇指分开，向掌心弯曲握紧，大拇指弯曲压在食指和中指关节上。

（四）"萬"型

"萬"型

四指并拢，大拇指张开从指根关节内收与手掌成90度夹角。

三、基本体态

动作要领

双脚并立，两臂直臂下垂，并掌掌心向内贴于体侧，挺胸立腰，两眼目视前方。

正面　女　　　　　　　正面　男

侧面 女　　　　侧面 男

背面 女　　　　背面 男

四、甲骨文广播体操所用文字的字形与字义展示讲解

体态展示

字形与字义

卯，象形字。字形象两物对开之形。在体操动作中，该形体表示人叉腰预备开始运动。

以一年言之，卯为春门，万物始发，为茂盛之象；以一日言之，卯在早上5时至7时，也是人们精神苏醒、开始活动的时间。

体态展示

字形与字义

走，象形字。字形象摆动两臂跑步的人，下部象人脚。本义是奔跑。

体操动作用摆臂加踏步表现早起锻炼的形态，砥砺笃行，乃勤奋有为之象。跳跃运动中运用了"走"字的变形形态，动感更强，充满活力。

056　甲骨文广播体操

体态展示

字形与字义

人，象形字。字形象侧面站立的人形。本义指人。

体操动作为侧立，手部提腕，呈现出自然流畅、富有美感的象形体态。全身运动中运用了该字的另一种形态表现方式，其体操动作起到拉伸韧带的作用。

第四章　甲骨文广播体操基础形体动作讲解　057

体态展示

字形与字义

舞,象形字。字形象人执牛尾而舞之形。本义指按一定节奏转动身体表演各种姿势。

体操动作以五指张开、手腕旋转下压形成舞型手,表达字义中手执牛尾的动作。

体态展示

字形与字义

女，象形字。字形象一个敛手跪坐的女人形态。本义指女性。

这个字给我们无限想象，一个娴静温婉的女性跪坐房间内。体操动作尽量还原文字本来的艺术美感，以内屈手臂、半蹲屈膝表现柔美体态。

体态展示

字形与字义

射，会意字。字形象箭在弦上。本义是用弓发射箭矢。

射箭是古人的一种运动方式，体操动作中用扩胸运动、拳型手表现箭在弦上、拉弓射箭的姿态。

体态展示

字形与字义

　　水，象形字。字形中间象水脉，两旁的点画表示水珠、水滴。

　　体操动作用侧面扩胸运动呈现出水的生命力与流动性。

第四章　甲骨文广播体操基础形体动作讲解

体态展示

字形与字义

大，象形字。字形象人的正面形，有胳膊有腿，通过大人形表示抽象的概念"大"。

该字形具有非常典型的人体站立特征，且体态自然优美。体操动作用双臂侧平举、双腿开立表现"大"字形，所有回归正面、连接侧面的运动轨迹，都用该字呈现。

体态展示

字形与字义

父，指事字。字形象右手持棒或石斧之形。因为手里举着棍棒或石斧者为男性，引申为父亲。本义指父亲或男性长辈。

体操动作通过体侧运动既表现手持棍棒左右敲打之意，也锻炼了腰部侧面肌肉。

第四章　甲骨文广播体操基础形体动作讲解　063

体态展示

字形与字义

申,象形字。字形象闪电之形,为"电"字的初文。本义指闪电,假借作地支名。

体操动作通过身体的伸展与侧拉、屈臂抬腿表现曲折之形,体态充满造型感。

体态展示

字形与字义

祝，会意字。字形象一人跪在祭台前拜神并开口祈祷。本义指祝告，也指祭祀时主持祷告之人。

古人对自然现象充满敬畏和恐惧，因此产生了各种祭祀活动，祭祀时需向四方进行祝祷。体操动作"祝"字体现体转运动，通过侧身、双臂向上弯曲表现祝祷之形，既是字形、字义上的呈现，又符合古代祭祀仪式规律。

第四章　甲骨文广播体操基础形体动作讲解　065

字形与字义

卜，象形字。字形象龟甲烧过后出现的裂纹。本义是占卜，古人认为用火灼龟甲，根据灼烧之后的裂纹可以推测出行事的吉凶。

甲骨上的灼烧裂纹有上下不同走势，体操动作通过转体、侧举双臂表现"卜"字不同方向的裂纹。

体态展示

体态展示

字形与字义

  萬，象形字，简体字为"万"。字形象一个蝎子。本义是蝎子之类的毒虫，假借为数词。

  "萬舞"是商代祭祀中一种诗、乐、舞一体的礼乐形式，其功能有祈年、祈雨、祭祖及教育等。体操动作用"萬"型手表现蝎子的两只触角，用侧踢腿动作表现蝎子的尾部。

第四章　甲骨文广播体操基础形体动作讲解　067

字形与字义

天，象形字。字形象一个正面站立的人形，突出他的头部。本义指人的头，引申有"上天"的意思。

体操动作为双手高举过头顶，仰头挺起胸腰，目视前上方，形成一个向天朝拜的动作。

体态展示

体态展示

字形与字义

方，象形字。字形象农具耒耜。本义指耒，假借为"方向"的意思。

体操动作通过两臂侧平举、后踢腿来表现"方"字字形。

第四章　甲骨文广播体操基础形体动作讲解　069

字形与字义

　　文，象形字。字形象人身上有花纹、纹理之形。本义是花纹、纹理，引申为"文字""文章"等意思。

　　体操动作通过双臂并拢于头顶，同时双脚开合跳跃表现"文"字字形。

体态展示

070　甲骨文广播体操

体态展示

字形与字义

交，象形字。字形象人双腿交叉之形，本义是交叉。

"交"字在古文字中本身就表示一个人双腿交叉而立，用于跳跃运动中，形成双手下垂、双腿交叉跳跃的体态。

第四章　甲骨文广播体操基础形体动作讲解　071

体态展示

字形与字义

心，象形字。字形象心脏的样子。本义就是心脏。

体操动作通过双臂上举、屈肘勾手形成"心"形。跳跃运动和全身运动是全操心率的最高点，运用该字形设计动作可爱又形象，也体现这套操有锻炼身心的作用。

体态展示

字形与字义

身，象形字。字形象人形，突出其腹部表示人的身体。本义指人的躯干。

体操动作将"身"字变形，采用下蹲姿势，双手撑膝，进行全身运动。

第四章 甲骨文广播体操基础形体动作讲解

第四章 甲骨文广播体操内容讲解

第一节　预备运动

锻炼肌肉群

甲骨文为"卯""走"。提踵运动主要锻炼肌肉为腓肠肌和比目鱼肌。

扫码观看第一节动作讲解

「八拍乘四　预备姿势：并立步」

第一个八拍

动作讲解

第1—2拍双脚提踵立一次后恢复并立，同时两手叉腰，虎口向上，四指并拢在前，大拇指在后，略微压腕，目视前方，形成"卯"字。

正面
提踵立一次

第1—4拍

动作讲解

第3—4拍动作同第1—2拍。

正面
恢复并立

第1—4拍

正面
第 5—6 拍

正面
提踵立一次

第 5—6 拍

正面
恢复并立

动作讲解

第 5—6 拍双脚动作同第 1—2 拍，左臂侧上屈，并掌掌心向前，右臂侧下屈，掌心向后，大臂抬平与身体成 90 度夹角，双肘屈肘 90 度，形成"走"字。

第四章　甲骨文广播体操内容讲解

正面
提踵立一次

第7—8拍

动作讲解

第7—8拍动作同第5—6拍，方向相反。

正面
恢复并立

第7—8拍

第二个八拍

第1—8拍

正面

第1—8拍

正面

动作讲解

左脚起原地踏步一个八拍，脚尖离地面10—15厘米，同时两臂交替直臂前后摆动，并掌掌心向内。

第三、四个八拍动作同第一、二个八拍，预备运动结束

第二节　伸展运动

锻炼肌肉群

甲骨文为"人""舞""女"。手臂体前交叉随肩关节内收后向上画圆于体侧停止，双腿微蹲后站起，手臂展开，锻炼肩关节灵活性及躯干前后侧肌群。

八拍乘八　预备姿势：并立步

扫码观看第二节动作讲解

第一个八拍

动作讲解

第1—2拍左脚向左迈出一步成开立步，与肩同宽，同时两臂经体前交叉向上摆至头顶上方向侧打开至侧上举，并掌掌心向外，稍抬头目视前上方。

第1—2拍　　正面

动作讲解

第3—4拍身体左转90度，右脚并左脚成屈膝半蹲，目视前下方（不低头），同时两臂向下经侧摆至前下举与大腿平行，直臂并掌提腕压掌，形成"人"字。

第3—4拍　　正面

第四章　甲骨文广播体操内容讲解

动作讲解

第5—6拍身体右转90度，右脚向右迈出一步还原成开立步，同时右臂经前直臂摆至侧平举，左臂侧平举，双手五指张开内旋成舞型掌，目视前方，形成"舞"字。

正面　　第5—6拍

动作讲解

第7—8拍左脚并右脚，两臂经侧还原至体侧，恢复预备姿势。

正面 　　第7—8拍

第二个八拍动作同第一个八拍，方向相反

第1—2拍　　　正面

第3—4拍　　　正面

第四章　甲骨文广播体操内容讲解　085

正面　　　　　　　　第 5—6 拍

正面　　　　　　　　第 7—8 拍

086　甲骨文广播体操

第三个八拍

动作讲解

第1—2拍动作同第一个八拍的1—2拍。

第1—2拍　正面

动作讲解

第3—4拍身体左转90度，右脚并左脚成半蹲，身体稍向右倾，头右转90度，目视前方。左臂向内屈臂90度，肘上抬，并掌掌心向后，指尖放于右臂肘关节处，右臂直臂前平举，并掌掌心向后，形成"女"字。

第3—4拍　正面

第四章　甲骨文广播体操内容讲解

动作讲解

第5—6拍动作同第一个八拍的5—6拍。

正面　　第5—6拍

动作讲解

第7—8拍左脚并右脚,两臂经侧还原至体侧,恢复预备姿势。

正面　　第7—8拍

第四个八拍动作同第三个八拍，方向相反

第 1—2 拍　　　　　正面

第 3—4 拍　　　　　正面

第四章　甲骨文广播体操内容讲解

正面　　第5—6拍

正面　　第7—8拍

后四个八拍动作同前四个八拍，伸展运动结束

第三节　扩胸运动

锻炼肌肉群

甲骨文为"走""射""大""水"。肩关节旋外，主要锻炼胸大肌和三角肌；肩关节屈，主要锻炼胸大肌和腹直肌。

扫码观看第三节动作讲解

「八拍乘八　预备姿势：并立步」

第一个八拍

动作讲解

第1—2拍双脚保持并立，两臂胸前平屈后振扩胸一次，并掌掌心向下。

正面　　第1—2拍

动作讲解

第3—4拍左臂侧上屈，并掌掌心向前，右臂侧下屈，掌心向后，大臂抬平与身体呈90度夹角，肘关节呈90度夹角，两臂保持侧屈后振，完成一次扩胸动作，目视前方，形成"走"字。

正面　　第3—4拍

动作讲解

第5—6拍右脚向右跨出一步成右弓步，同时两臂经体前交叉向侧打开，左臂直臂伸至侧上举，握拳成拳型手，拳心向前后振，右臂胸前平屈握拳，拳心向内，向右下拉伸后振，身体稍右倾，头左转，眼看左手方向，形成"射"字的同时完成一次扩胸动作。

第5—6拍　正面

动作讲解

第7—8拍右脚并左脚，两臂经侧还原至体侧，恢复预备姿势。

第7—8拍　正面

第四章　甲骨文广播体操内容讲解

第二个八拍动作同第一个八拍，方向相反

正面　　第1—2拍

正面　　第3—4拍

第5—6拍　正面

第7—8拍　正面

第四章　甲骨文广播体操内容讲解

第三个八拍

正面　　　第1拍

动作讲解

第1拍左脚向左迈出一步成开立步，与肩同宽，同时两臂侧平举，并掌提腕压掌，掌心向下，目视前方，形成"大"字。

动作讲解

第2拍身体左转90度，右脚并左脚，同时右臂水平向左摆至前平举，右手置于左手上，两臂伸直，并掌掌心向下。

正面　　　第2拍

动作讲解

第 3 拍两腿半蹲，同时两臂直臂经前向上摆至头顶上方后振一次，形成"水"字的同时完成展胸动作。

第 3 拍　　　正面

动作讲解

第 4 拍动作同第 2 拍。

第 4 拍　　　正面

第四章　甲骨文广播体操内容讲解　097

正面　　　第5拍

动作讲解

第5拍动作同第3拍。

动作讲解

第6拍动作同第2拍。

正面　　　第6拍

动作讲解

第 7 拍身体右转 90 度，右脚向右迈出一步还原成第 1 拍的动作，同时右臂经前直臂摆至侧平举，左臂侧平举，双手并掌提腕压掌，掌心向下，形成"大"字。

第 7 拍　　　正面

动作讲解

第 8 拍左脚并右脚，两臂经侧还原至体侧，恢复预备姿势。

第 8 拍　　　正面

第四章　甲骨文广播体操内容讲解

第四个八拍动作同第三个八拍，方向相反

正面　第1拍

正面　第2拍

甲骨文广播体操

第 3 拍　　　　　　　　正面

第 4 拍　　　　　　　　正面

第四章　甲骨文广播体操内容讲解　101

正面　　第 5 拍

正面　　第 6 拍

第 7 拍 正面

第 8 拍 正面

后四个八拍动作同前四个八拍，扩胸运动结束

第四章　甲骨文广播体操内容讲解

第四节　踢腿运动

锻炼肌肉群

甲骨文为"萬""方""天"。膝关节屈，主要锻炼股四头肌；肩关节旋外，主要锻炼胸大肌；肩关节旋外、脊柱伸展、伸髋等，主要锻炼胸大肌、腹直肌、髂腰肌和臀大肌。

扫码观看第四节动作讲解

八拍乘八　预备姿势：并立步

第一个八拍

动作讲解

第1—2拍右腿支撑稍下蹲一次，左腿屈膝向左侧踢起约45度，勾脚尖，屈膝，同时两臂经体前交叉向上摆至侧上，肘关节稍屈，"萬"型掌，掌心向上，四指并拢指尖向外，上体稍向左屈，头稍向左倾，目视前方，形成"萬"字。

第1—2拍　正面

动作讲解

第3—4拍左脚还原，同时两手经体前向下收回至两侧髋前，屈肘，"萬"型掌，四指并拢指尖相对，虎口向内，掌心向下。

第3—4拍　正面

第四章　甲骨文广播体操内容讲解　105

动作讲解

第5—6拍动作同第1—2拍。

正面　　第5—6拍

动作讲解

第7—8拍动作同第3—4拍。

正面　　第7—8拍

第二个八拍动作同第一个八拍，方向相反

第 1—2 拍　　　　　　　　　　正面

第 3—4 拍　　　　　　　　　　正面

正面　　　　　　第5—6拍

正面　　　　　　第7—8拍

第三个八拍

动作讲解

第1—2拍左腿直腿向后踢起45度，绷脚尖，脚离地面10—20厘米，同时两臂直臂经前打开至侧平举，"萬"型掌，掌心向外，目视前方，形成"方"字。

第1—2拍　正面

动作讲解

第3—4拍左脚还原成并立步，同时两臂直臂水平前摆至胸前平举，两手与肩同宽，"萬"型掌不变，四指向上，掌心向前，目视前方。

第3—4拍　正面

第四章　甲骨文广播体操内容讲解　109

正面　　第5—6拍

动作讲解

第5—6拍左腿向后踢起45度，绷脚尖，脚尖离地面10—20厘米，同时两臂直臂经前向上摆至侧上举，"萬"型掌不变，掌心向上，四指向外，挺胸抬头，目视前上方，形成"天"字。

动作讲解

第7—8拍动作同第3—4拍。

正面　　第7—8拍

110　甲骨文广播体操

第四个八拍

动作讲解

第1—2拍动作同第三个八拍的1—2拍，方向相反。

第1—2拍　　正面

第3—4拍　　正面

动作讲解

第3—4拍动作同第三个八拍的3—4拍，方向相反。

第四章　甲骨文广播体操内容讲解　　111

动作讲解

第5—6拍动作同第三个八拍的5—6拍，方向相反。

正面　　　第5—6拍

动作讲解

第7—8拍右脚还原，两臂经侧还原至体侧，恢复预备姿势。

正面　　　第7—8拍

后四个八拍动作同前四个八拍，踢腿运动结束

第五节　体侧运动

锻炼肌肉群

甲骨文为"父""大""申"。肩关节外展，躯干侧屈，主要拉伸腹外斜肌和背阔肌。

扫码观看第五节动作讲解

「八拍乘八　预备姿势：并立步」

第一个八拍

动作讲解

第1—2拍双脚保持并立步，两臂经侧摆至侧上成圆弧状，肘关节稍屈，并掌掌心向内，同时身体向左侧屈，目视前方，形成"父"字。

正面　　第1—2拍

动作讲解

第3—4拍两腿、两臂动作同第1—2拍，身体还原成直立，目视前方。

正面　　第3—4拍

动作讲解

第5—6拍动作同第1—2拍。

第5—6拍 　正面

第7—8拍 　正面

动作讲解

第7—8拍动作同第3—4拍。

第四章　甲骨文广播体操内容讲解　115

第二个八拍

动作讲解

第1—2拍右脚向右迈出一步,与肩同宽成开立步,同时两臂侧平举,并掌提腕压掌,掌心向下,目视前方,形成"大"字。

正面　　第1—2拍

动作讲解

第3—4拍提左腿,屈膝90度,膝关节向侧上,勾脚,脚尖向上,同时上体向左侧屈。左臂屈肘90度,并掌掌心向后放于臀部,右臂上屈,屈肘90度,掌心向下,目视前方,形成"申"字。

正面　　第3—4拍

动作讲解

第5—6拍动作同第1—2拍。

第5—6拍　正面

动作讲解

第7—8拍右脚还原，两臂经侧还原至体侧，恢复预备姿势。

第7—8拍　正面

第四章　甲骨文广播体操内容讲解　117

第三个八拍动作同第一个八拍，方向相反

正面　　第1—2拍

正面　　第3—4拍

第 5—6 拍　　　　　　　正面

第 7—8 拍　　　　　　　正面

第四章　甲骨文广播体操内容讲解

第四个八拍动作同第二个八拍，方向相反

正面　　　第1—2拍

正面　　　第3—4拍

第5—6拍

正面

第7—8拍

正面

后四个八拍动作同前四个八拍，体侧运动结束

第四章　甲骨文广播体操内容讲解

第六节　体转运动

锻炼肌肉群

甲骨文为"祝""大""卜"。躯干回旋，拉伸背阔肌和腹外斜肌；提膝转体，拉伸臀大肌和臀中肌。

扫码观看第六节动作讲解

「八拍乘八　预备姿势：并立步」

第一个八拍

动作讲解

第1拍左脚向左迈出一步，与肩同宽，同时两臂侧平举，并掌提腕压掌，掌心向下，目视前方，形成"大"字。

第1拍　正面

动作讲解

第2拍身体左转90度，右脚并左脚，同时右臂向下经侧摆至身体前上，两臂体前屈肘至肘关节略高于肩的位置，肘关节向上弯曲大于90度，两臂与肩同宽，并掌掌心向上成托举状，稍抬头，眼看手的方向，形成"祝"字。

第2拍　正面

第四章　甲骨文广播体操内容讲解

动作讲解

第3拍身体左转90度,同时两腿屈膝稍蹲,上肢动作不变。

正面　　　　第3拍

动作讲解

第4拍身体右转90度,还原至第2拍动作。

正面　　　　第4拍

动作讲解

第5拍动作同第3拍，方向相反。

第5拍　　正面

动作讲解

第6拍动作同第4拍，方向相反。

第6拍　　正面

第四章　甲骨文广播体操内容讲解

动作讲解

第 7 拍身体右转，右脚向右还原成开立步，同时右臂经前向右打开至侧平举，两手并掌提腕压掌，掌心向下，目视前方，形成"大"字。

正面　　　　第 7 拍

动作讲解

第 8 拍左脚并右脚，两臂还原至体侧，恢复预备姿势。

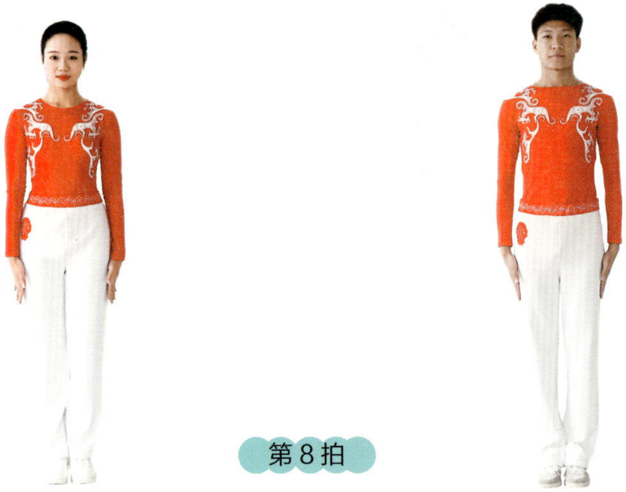

正面　　　　第 8 拍

第二个八拍动作同第一个八拍，方向相反

第 1 拍　　正面

第 2 拍　　正面

第四章　甲骨文广播体操内容讲解

正面　第3拍

正面　第4拍

第 5 拍　　　正面

第 6 拍　　　正面

第四章　甲骨文广播体操内容讲解　129

正面　　　　　　　　第 7 拍

正面　　　　　　　　第 8 拍

第三个八拍

动作讲解

第1拍左脚向左迈出一步，与肩同宽，同时两臂侧平举，并掌提腕压掌，掌心向下，目视前方，形成"大"字。

第1拍　正面

动作讲解

第2拍右脚并左脚，身体左转90度，同时左臂伸至前上举45度，右臂向下经侧摆至身体前上举45度，右手置于左手下，两手五指并拢，掌心向下叠放，稍抬头，眼看手的方向，形成"卜"字。

第2拍　正面

正面　　　　　　　　第3拍

动作讲解

第3拍提右腿绷脚，上体右转90度，同时两臂顺势向右下摆至右髋前，双手动作不变，指尖向下，眼看手的方向。

动作讲解

第4拍右脚还原，左腿成弓步，同时两臂还原至第2拍的动作，挺胸抬头，眼看手的方向。

正面　　　　　　　　第4拍

甲骨文广播体操

动作讲解

第 5 拍动作同第 3 拍。

第 5 拍　　正面

动作讲解

第 6 拍动作同第 4 拍。

第 6 拍　　正面

第四章　甲骨文广播体操内容讲解

动作讲解

第7拍身体右转90度，面向正前，右臂经前摆至侧平举，并掌提腕压掌，掌心向下，目视前方，形成"大"字。

正面　　第7拍

动作讲解

第8拍左脚并右脚，两臂经侧还原至体侧，恢复预备姿势。

正面　　第8拍

第四个八拍动作同第三个八拍，方向相反

第 1 拍　　正面

第 2 拍　　正面

第四章　甲骨文广播体操内容讲解

正面　　　第3拍

正面　　　第4拍

136　甲骨文广播体操

第5拍　正面

第6拍　正面

第四章　甲骨文广播体操内容讲解

正面 第7拍

正面 第8拍

后四个八拍动作同前四个八拍，体转运动结束

第七节　跳跃运动

锻炼肌肉群

甲骨文为"走""文""交"。跳跃运动主要锻炼心肺耐力，腿部参与运动的肌肉主要有股四头肌、股二头肌、腓肠肌和比目鱼肌。

扫码观看第七节动作讲解

八拍乘八　预备姿势：并立步

第一个八拍

动作讲解

第1拍左脚向左迈出一步,屈膝,脚前掌踩地,同时左臂摆至侧上方,屈肘90度,并掌掌心向上,指尖向外。右臂摆至侧下方,屈肘90度,并掌掌心向下,指尖向内。头稍向左倾,目视前方,形成变形后的"走"字。

正面　　第1拍

动作讲解

第2拍右脚向左脚跳成并立步,同时双手胸前击掌一次,并掌指尖向上,完成一次跳跃。

正面　　第2拍

动作讲解

第3拍动作同第1拍，方向相反。

第3拍　　　正面

动作讲解

第4拍动作同第2拍，方向相反。

第4拍　　　正面

第四章　甲骨文广播体操内容讲解　141

动作讲解

第 5 拍双脚跳成左右开立步，比肩稍宽，同时两臂经侧直臂摆至头顶击掌一次，并掌指尖向上，目视前方，形成"文"字。

正面　　第 5 拍

动作讲解

第 6 拍双脚跳成并立步，同时两臂经侧还原至体侧。

正面　　第 6 拍

动作讲解

第 7 拍动作同第 5 拍。

第 7 拍 　正面

动作讲解

第 8 拍动作同第 6 拍。

第 8 拍　正面

第四章　甲骨文广播体操内容讲解

第二个八拍

动作讲解

第1—2拍双脚跳成右脚在前、左脚在后的交叉步,膝关节稍屈,两臂伸至侧下45度位置,稍屈肘,并掌提腕,掌心向内,指尖向下,目视前方,形成"交"字。

正面　　　第1—2拍

动作讲解

第3—4拍动作同第1—2拍,方向相反。

正面　　　第3—4拍

动作讲解

第5拍双脚跳成左右开立步，比肩稍宽，同时两臂经侧直臂摆至头顶击掌一次，并掌指尖向上，目视前方，形成"文"字。

第5拍 　　正面

动作讲解

第6拍双脚跳成并立步，同时两臂经侧还原至体侧。

第6拍　　正面

第四章　甲骨文广播体操内容讲解

动作讲解

第 7 拍动作同第 5 拍。

正面　　　第 7 拍

动作讲解

第 8 拍动作同第 6 拍。

正面　　　第 8 拍

第三至四、五至六、七至八拍动作分别同前两个八拍，跳跃运动结束

第八节　全身运动

锻炼肌肉群

甲骨文为"天""心""人""身""大"。弓步屈肩，拉伸股四头肌和胸大肌；深蹲，锻炼股四头肌和股二头肌；站立体前屈，锻炼股二头肌和腿部韧带。

「八拍乘八　预备姿势：并立步」

扫码观看第八节动作讲解

第四章　甲骨文广播体操内容讲解

第一个八拍

动作讲解

第1—2拍左脚向前迈出一步成前弓步，与肩同宽，两臂经体前直臂摆至侧上举，并掌掌心向上，指尖向外，挺胸抬头目视前上方，形成"天"字。

正面　　第1—2拍

动作讲解

第3—4拍左脚还原成并立步，同时两臂屈肘，肘关节外展，并掌提腕，指尖触头顶，目视前方，形成"心"字。

正面　　第3—4拍

甲骨文广播体操

动作讲解

第5—6拍双腿并立步全蹲,同时两臂屈肘,两手掌心向下放于膝盖上,并掌指尖相对,稍低头目视前下方,后背伸直,形成"身"字。

第5—6拍　正面

动作讲解

第7—8拍身体还原成直立,呈预备姿势。

第7—8拍　正面

第四章　甲骨文广播体操内容讲解

第二个八拍动作同第一个八拍，方向相反

正面　　　第1—2拍

正面　　　第3—4拍

第 5—6 拍　　　正面

第 7—8 拍 　　　正面

第四章　甲骨文广播体操内容讲解　151

第三个八拍

动作讲解

第1—2拍左脚向左迈出一步成开立步,与肩同宽,同时两臂经体前交叉向上摆至头顶上方侧打开,并掌掌心向外,挺胸,稍抬头目视前上方。

正面　　第1—2拍

动作讲解

第3—4拍身体左转90度,右脚并左脚,同时做体前屈,并掌指尖尽力触地,眼看手,形成另一形态的"人"字。

正面　　第3—4拍

152　甲骨文广播体操

动作讲解

第5—6拍起上体右转90度，右脚向右迈出一步成开立步，与肩同宽，同时两臂经前打开至侧平举，并掌提腕压掌，目视前方，形成"大"字。

第5—6拍　　　　正面

动作讲解

第7—8拍左脚并右脚，两臂经侧还原至体侧，恢复预备姿势。

第7—8拍　　　　正面

第四个八拍动作同第三个八拍，方向相反

正面　　第1—2拍

正面　　第3—4拍

第 5—6 拍

正面

第 7—8 拍

正面

后四个八拍动作同前四个八拍，全身运动结束

第四章　甲骨文广播体操内容讲解

第九节　整理运动

锻炼肌肉群

甲骨文为"走"。弓步屈肩,主要锻炼股四头肌和胸大肌,并放松身体。

扫码观看第九节动作讲解

「八拍乘四　预备姿势:并立步」

第一个八拍

动作讲解

第1—2拍左腿向前迈出一步成前弓步，同时左臂侧下屈，并掌掌心向后，右臂侧上屈，并掌掌心向前，双肘屈肘90度，重心在两腿中间，挺胸立腰，目视前方，形成"走"字。

第1—2拍　　正面

动作讲解

第3—4拍手脚还原成预备姿势。

第3—4拍　　正面

第四章　甲骨文广播体操内容讲解

正面　　　　　　第5—6拍

动作讲解

第5—6拍动作同第1—2拍，方向相反。

动作讲解

第7—8拍手脚还原成预备姿势。

正面　　　　　　第7—8拍

第二个八拍

第1—8拍

正面

动作讲解

第1—8拍左脚起原地踏步一个八拍，两臂前后直臂摆动，并掌掌心向内，目视前方。

第1—8拍　　　正面

后两个八拍动作同前两个八拍，整理运动结束

扫码观看甲骨文广播体操完整视频

附　甲骨文广播体操生理生化实验报告——一次性测试报告

为了保证甲骨文广播体操运动负荷能达到国家标准，编创完成后，秉承着对传播内容认真、负责、专业、科学的严谨态度，编创团队对参与推广的中小学生及大学生前后共开展了三轮 FIRSTBEAT 团队监控系统测试，并对测试的数据进行了分析。

本次测试中 FIRSTBEAT 的各项指标是基于大量的实验室研究案例及已研究证实的不同运动模式下的代谢当量（METs）和摄氧量（VO_2）水平构建的生理模型，并结合运动员的训练水平和实时心率（HR），对运动训练过程中各指标的变化情况进行推算，其中训练效果（TE）、训练冲量（TRIMP）、能量消耗、最大摄氧量（VO_{2max}）等均为通过此种方法换算得出的主要指标。负荷量的评定可以参考 TRIMP 和能量消耗；负荷强度的评定可以参考 HRaverage 和 TE。学者们普遍将 60%—80% HRmax(相当于 50%—74% VO_{2max})定义为中等强度运动范围。前瞻性的研究发现，中等强度运动可以改善健康人和有运动基础的运动员的自主神经功能，尤其对迷走神经活性具有促进作用。具体测试数据结果如下：

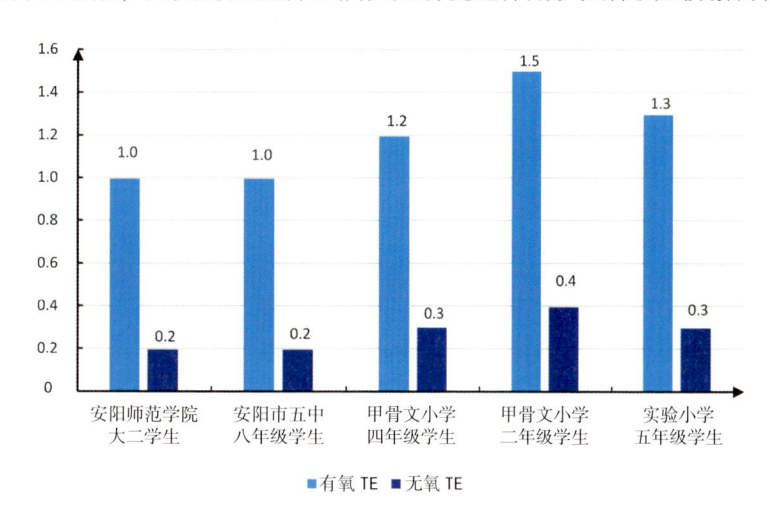

图 4-1-1　学生参与甲骨文广播体操的训练效果统计图

图4-1-1数据显示：甲骨文广播体操中有氧运动效果可以达到1.5的水平，可以对学生的身体起到促进恢复、激活神经的作用，对心肺耐力与无氧爆发力的长期发展刺激效果偏低。

图4-1-2 学生参与甲骨文广播体操的运动强度统计图

图4-1-2数据结果可以说明学生做甲骨文广播体操时的运动强度。甲骨文广播体操对不同年龄段的学生而言，运动强度不同，初中生和大学生做操时，运动强度偏低；小学生运动强度最高，最高心率为160BPM，摄氧量可以达到31.5mL/（kg·min），刺激效果充足。

心肺负荷强度代表运动内容在单位时间内对人体供能系统产生刺激的高低，数值达到每分钟1.2以上代表较高的刺激，每分钟1.2以下则刺激偏低。如图4-1-3所示：甲骨文广播体操的心肺负荷强度最高为每分钟0.8，心肺负荷量最高达到4.7的水平，属于轻松、低负荷量的运动。

图4-1-4数据显示：甲骨文广播体操可以锻炼到学生从50%—90%最大心率区间的能量供应系统，高强度锻炼时间不长。

图 4-1-3　学生参与甲骨文广播体操的心肺负荷量统计图

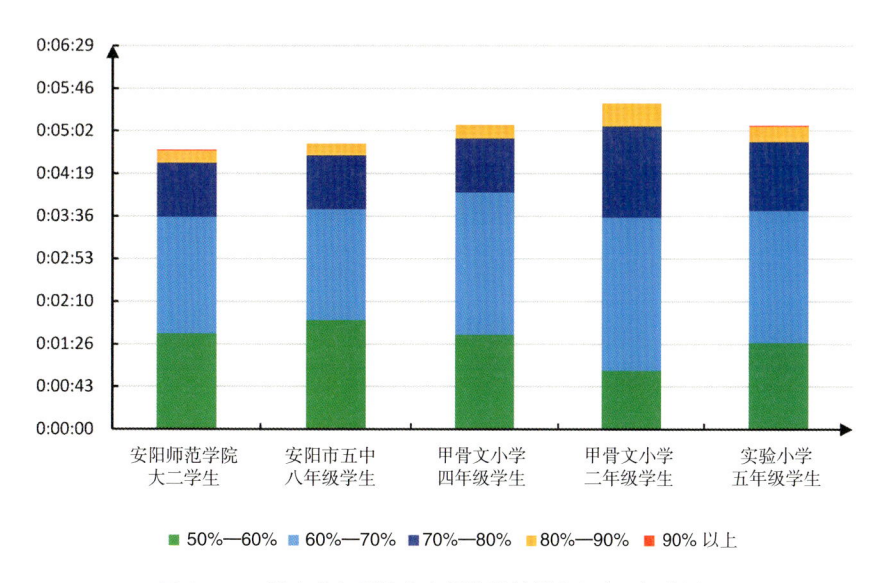

图 4-1-4　学生参与甲骨文广播体操的最大心率区间统计图

第四章　甲骨文广播体操内容讲解

（一）甲骨文广播体操与七彩阳光广播体操运动负荷各项指标测试结果与分析

为了进一步验证甲骨文广播体操的负荷强度对参与人员的健身适宜程度，项目组又对实验小学同一组学生分别进行了甲骨文广播体操与七彩阳光广播体操的数据采集，具体测试结果如下：

图 4-1-5 数据显示：从有氧运动效果角度分析，七彩阳光广播体操的水平略低于甲骨文广播体操，考虑出现此情况的原因可能与动作技能形成的自动化阶段的"能量节省化"有关。

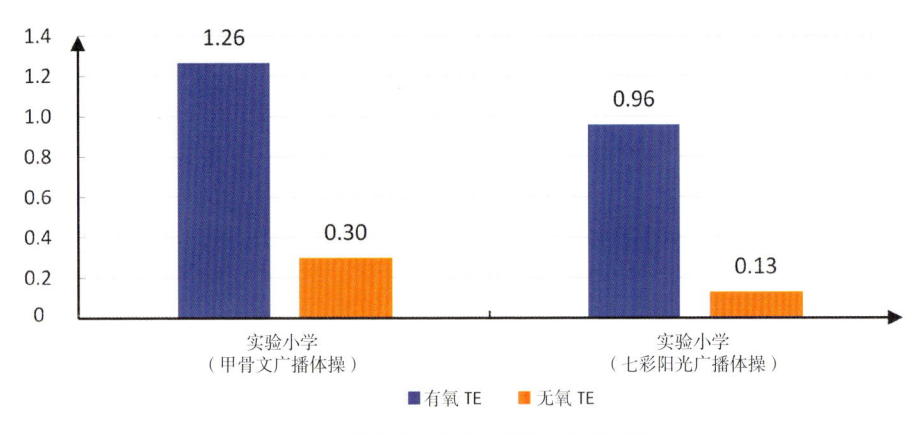

图 4-1-5　学生参与两套广播体操的 TE 统计图

图 4-1-6 数据结果可以说明学生做广播体操时的运动强度。两套操的平均心率值比较接近，属于中等运动强度。但最高心率和摄氧量两个指标，甲骨文广播体操高于七彩阳光广播体操，前者最高心率 157BPM，摄氧量可以达到 31.5mL/(kg·min)，刺激效果好于后者。

图 4-1-7 数据显示：两套操的心肺负荷强度均在每分钟 1.2 以下，且差值不大，但两套操的心肺负荷量相差较大，分析原因可能跟做操时的态度有关，这也提示团体操的及时更新是很有必要的。

图 4-1-8 数据显示：两套操均可以锻炼到学生从 50%—90% 最大心率区间的能量供应系统，但在 60%—80% 区间，高强度锻炼时间都可再加长。

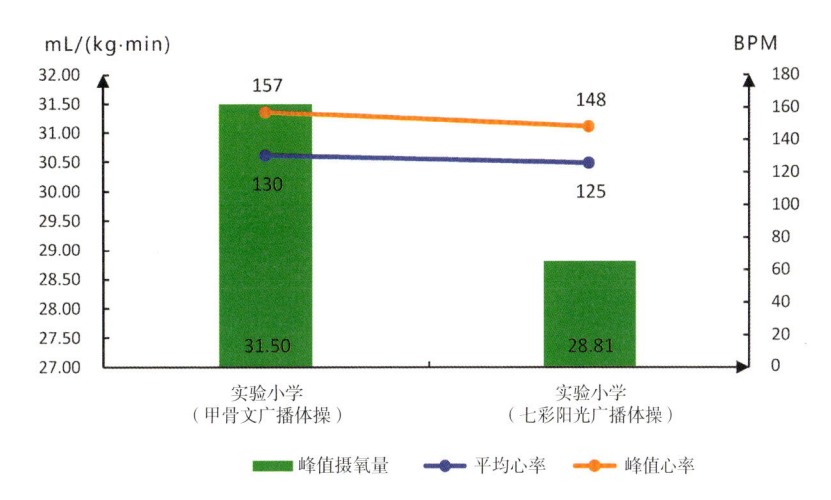

图 4-1-6 学生参与两套广播体操的运动强度统计图

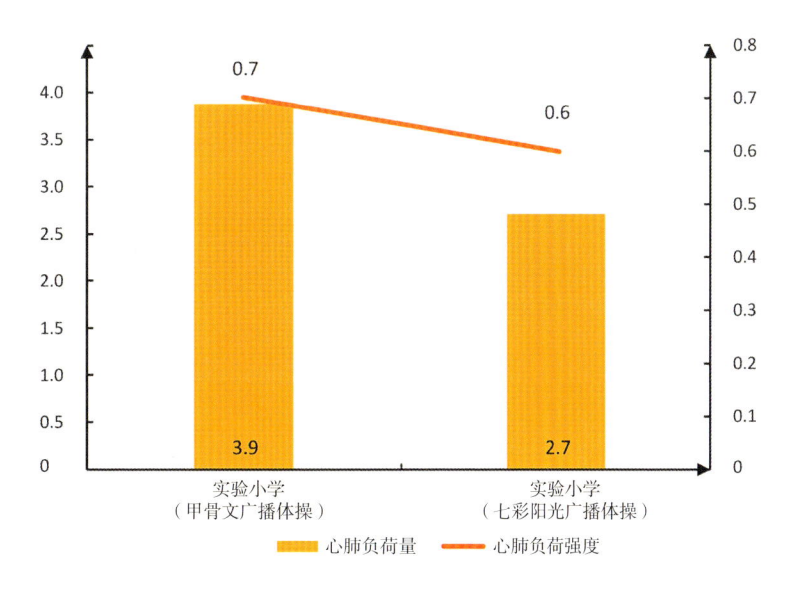

图 4-1-7 学生参与两套广播体操的心肺负荷量统计图

第四章 甲骨文广播体操内容讲解

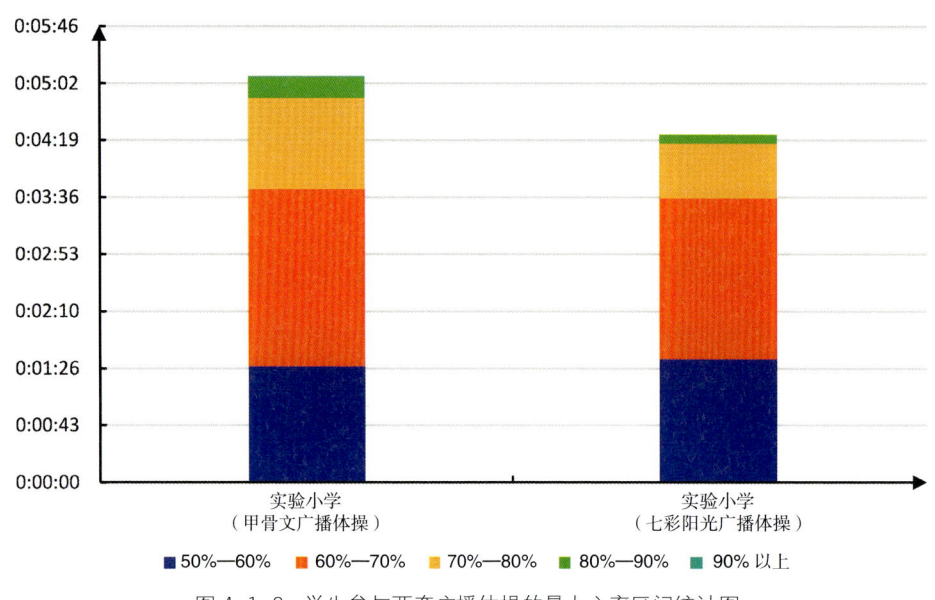

图 4-1-8　学生参与两套广播体操的最大心率区间统计图

（二）甲骨文广播体操每节操的最大心率区间指标测试结果与分析

为了能够更具体地验证甲骨文广播体操的负荷强度对参与人员的健身适宜程度，为后期操的技术改进提供可靠的数据支撑，项目组还对实验小学学生的测试视频进行了分节划分，对每节操的最大心率区间进行了分析，具体数据结果如下：

预备运动，动作共展示了 2 个甲骨文，最大心率区间主要分布在 50%—60%，符合预备运动强度标准。（图 4-1-9）

伸展运动，动作共展示了 3 个甲骨文，最大心率区间主要分布在 60%—70%，符合整套操的运动强度持续上升标准。（图 4-1-10）

扩胸运动，动作共展示了 4 个甲骨文，最大心率区间主要分布在 60%—70%。（图 4-1-11）

踢腿运动，动作共展示了 3 个甲骨文，最大心率区间主要分布在 60%—70%。（图 4-1-12）

体侧运动，动作共展示了 3 个甲骨文，最大心率区间主要分布在 60%—80%，符合整套操的运动强度持续上升标准。（图 4-1-13）

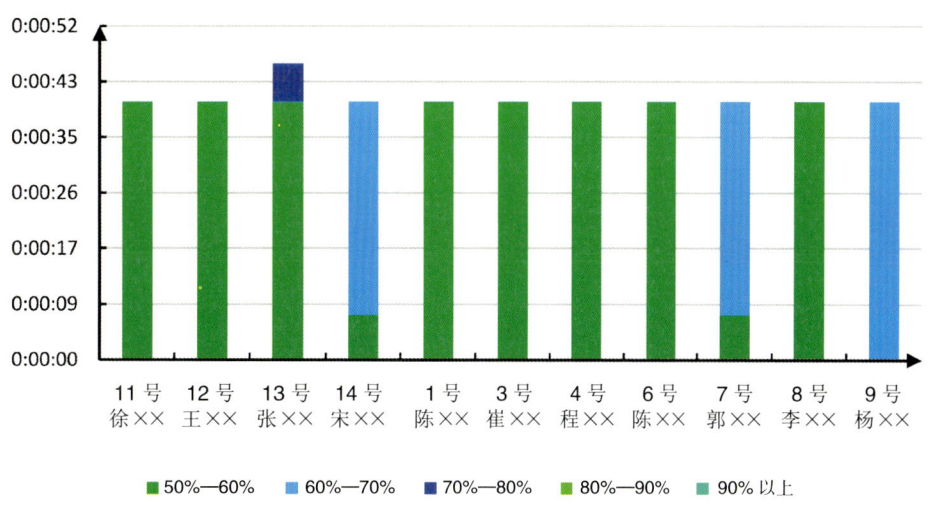

图 4-1-9　甲骨文广播体操预备运动的最大心率区间统计图

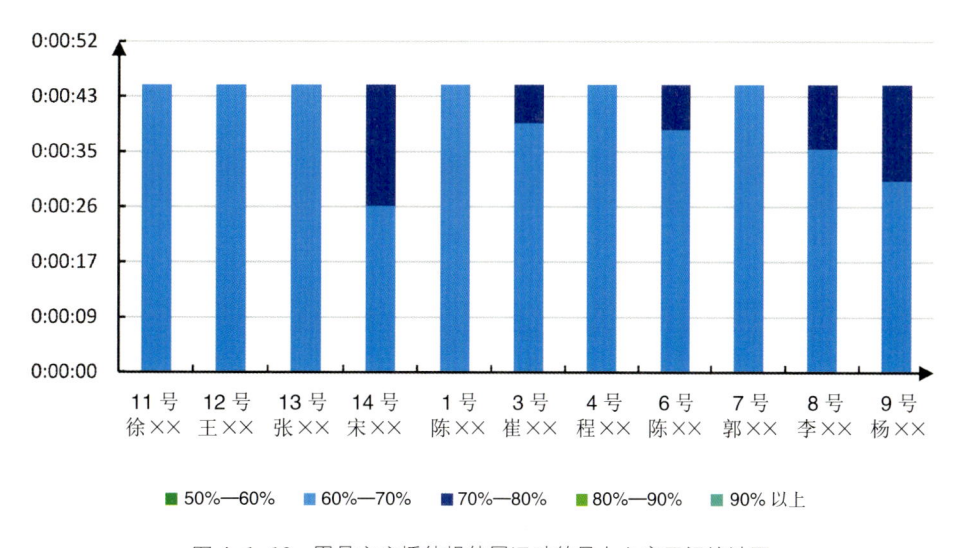

图 4-1-10　甲骨文广播体操伸展运动的最大心率区间统计图

第四章　甲骨文广播体操内容讲解

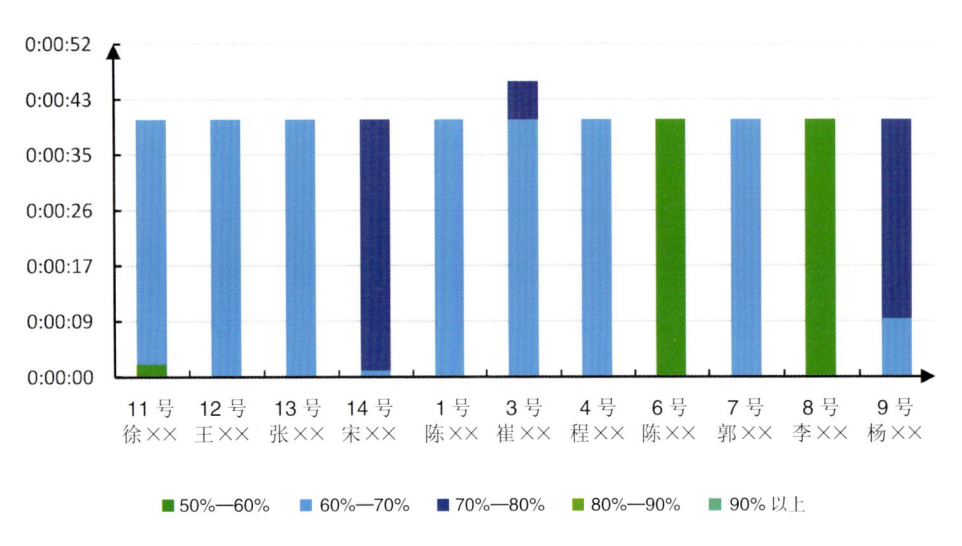

图 4-1-11　甲骨文广播体操扩胸运动的最大心率区间统计图

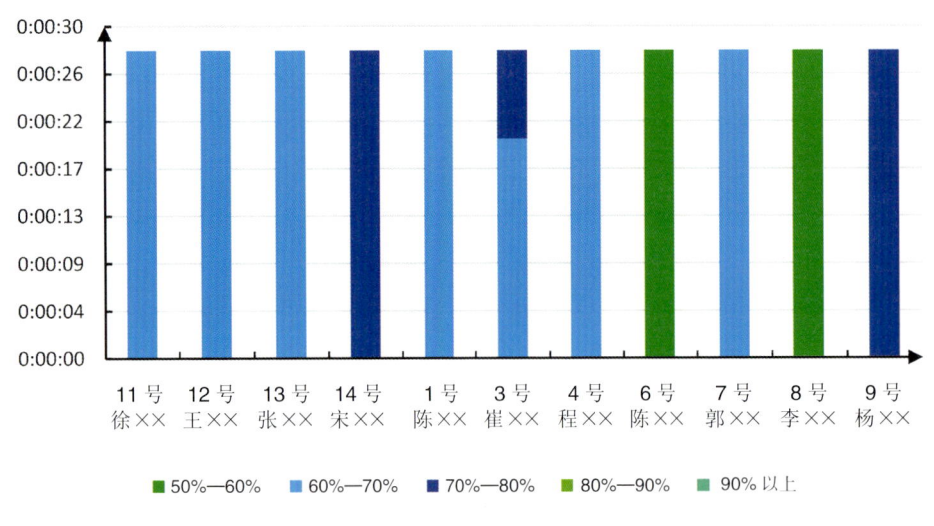

图 4-1-12　甲骨文广播体操踢腿运动的最大心率区间统计图

168　甲骨文广播体操

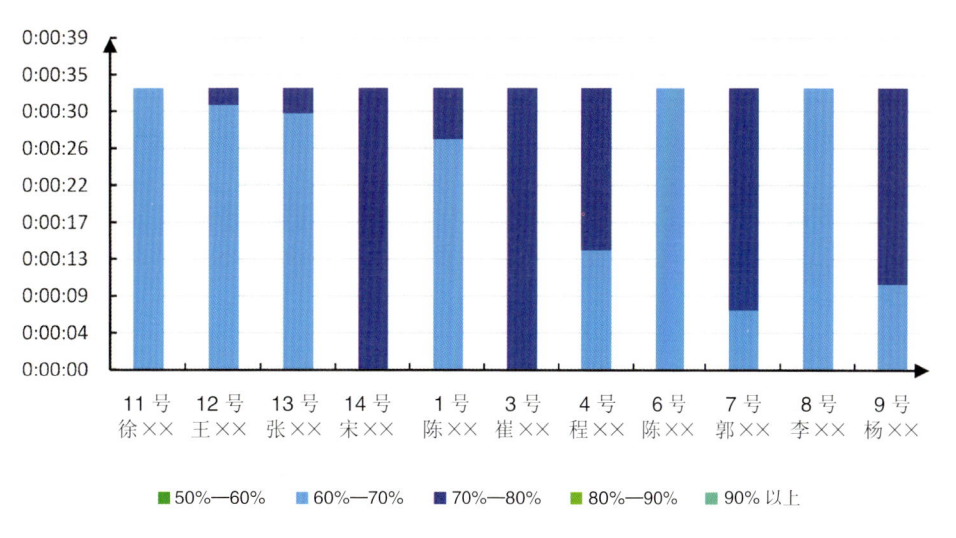

图 4-1-13 甲骨文广播体操体侧运动的最大心率区间统计图

体转运动，动作共展示了 3 个甲骨文，最大心率区间分散跨越了四个区间，出现下降情况，可适当加快动作节奏或增加动作幅度。（图 4-1-14）

跳跃运动，动作共展示了 3 个甲骨文，最大心率区间主要分布在 70%—80%，个别同学达到 80%—90% 区间，符合整套操的运动强度持续上升标准。（图 4-1-15）

全身运动，动作共展示了 5 个甲骨文，最大心率区间主要分布在 70%—80%，个别同学达到 80%—90% 区间，与跳跃运动基本持平。（图 4-1-16）

整理运动，动作共展示了 1 个甲骨文，最大心率区间主要分布在 70%—80%，减慢动作节奏，有助于运动结束后的恢复。（图 4-1-17）

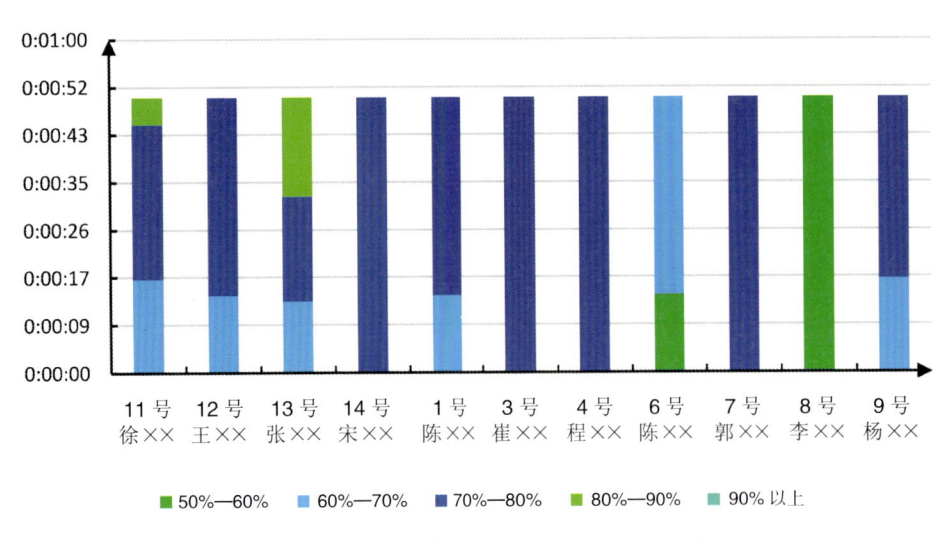

图 4-1-14 甲骨文广播体操体转运动的最大心率区间统计图

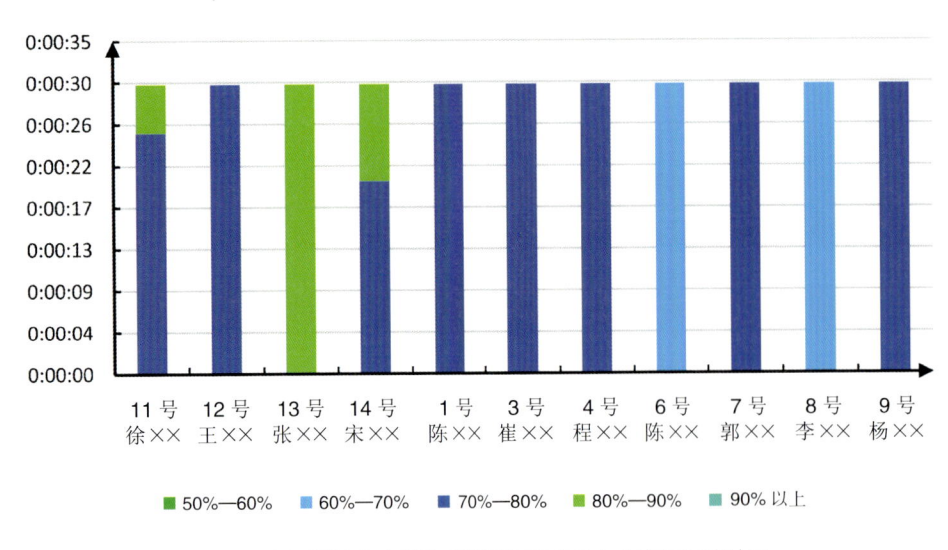

图 4-1-15 甲骨文广播体操跳跃运动的最大心率区间统计图

170　甲骨文广播体操

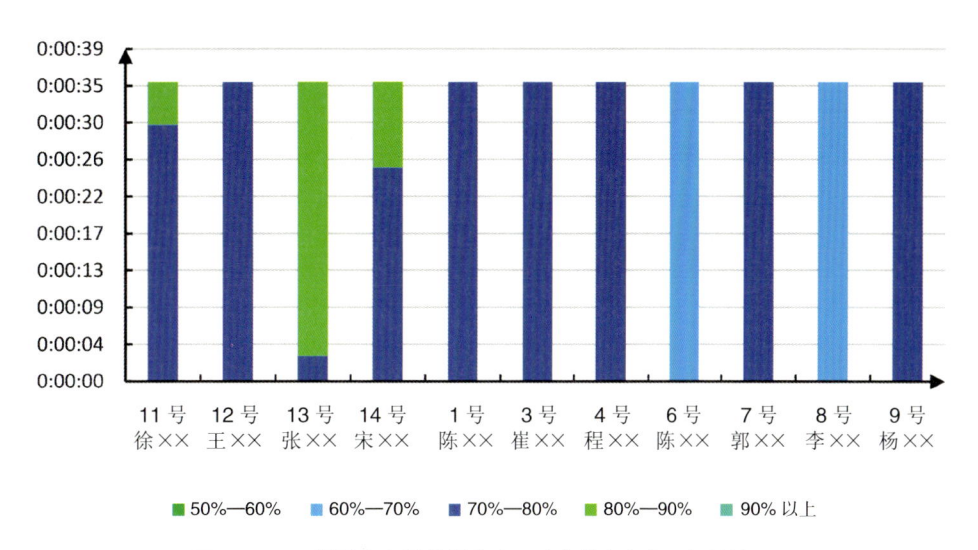

图 4-1-16　甲骨文广播体操全身运动的最大心率区间统计图

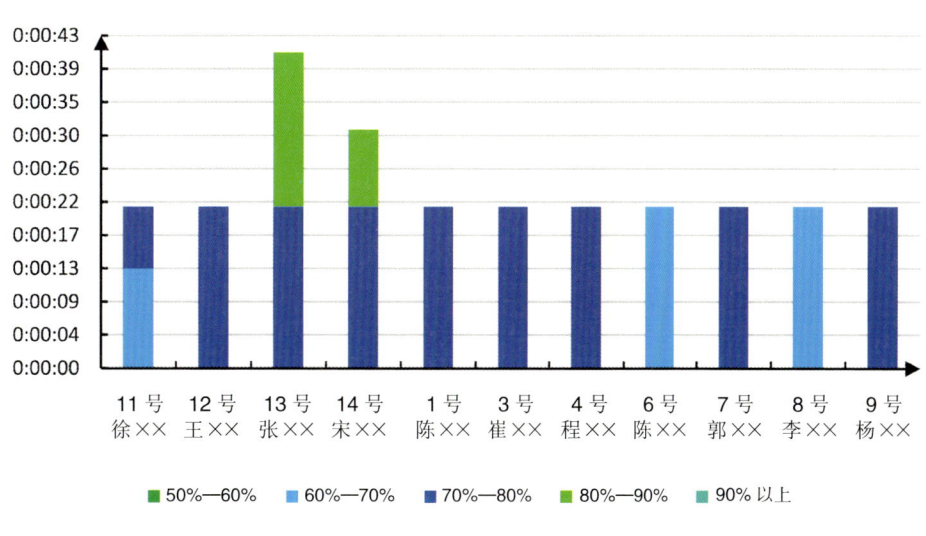

图 4-1-17　甲骨文广播体操整理运动的最大心率区间统计图

第四章　甲骨文广播体操内容讲解

（三）结论

1. 甲骨文广播体操整体在肌肉用力和运动叠加上有持续上升效果，运动强度遵循了体操循序渐进的原则，整体编排具有规范性、科学性、合理性。

2. 运动强度方面，甲骨文广播体操属于中低等强度的运动，更适合中小学生练习。

3. 身体机能方面，甲骨文广播体操的持续运动，可以有效强化参与者的心肺功能，有利于身体健康。

4. 由于受测试时间、样本数量的限制，本次测试数据采集仅进行了连续三轮的小样本测试，缺乏阶段性、大规模跟踪测试，数据结果存在一定系统误差，仅可以作为后期技术动作改进的参考依据。

附录一　甲骨文广播体操评分细则

队形队列

内容	分值	评分参考因素	扣分标准 / 分		
			轻微错误	明显错误	严重错误
进退场	5	1. 队伍集结迅速有序，组织纪律好。 2. 队列整齐，队形合理。 3. 口令清晰洪亮，节奏准确。	0.5—1.0	1.5—2.0	2.5—3.0
精神面貌	5	1. 队员精神饱满，充满活力和自信。 2. 富有表现力和感染力。	0.5—1.0	1.5—2.0	2.5—3.0
服装	5	1. 服装整洁统一。 2. 服装设计大方得体，可适当突出文化性。	0.5—1.0	1.5—2.0	2.5—3.0
文字演绎	5	用身体体态准确、优美地展现字形。	0.5—1.0	1.5—2.0	2.5—3.0
总分	20				

动作完成

内容	分值	评分参考因素	评分细则（扣分标准）
预备运动	5	1. 主要从以下七个方面进行评分： 动作路线 动作幅度 动作节奏 动作力度 动作一致性 附加动作 漏做动作 2. 主要依据广播体操比赛评分方法及甲骨文广播体操技术规范图解和动作规范要求	一、动作错误的等级划分和扣分标准（10 分值）： 1. 轻微错误：与正确动作路线、幅度、节奏和力度等有微小偏差，动作角度和方向与正确动作的偏差小于 15°，整体动作有个别不一致。 2. 明显错误：与正确动作路线、幅度、节奏和力度等有明显偏差，动作角度和方向与正确动作的偏差在 15°—45° 之间。整体动作明显不一致。 3. 严重错误：动作变形，严重偏离正确的动作路线、幅度、节奏和力度，动作角度和方向与正确动作的偏差在 45°—90° 之间，整体动作严重不一致。
伸展运动	10		
扩胸运动	10		
踢腿运动	10		
体侧运动	10		
体转运动	10		
跳跃运动	10		
全身运动	10		
整理运动	5		
总分	80		

评分内容	扣分标准 / 分		
	轻微错误	明显错误	严重错误
动作路线 动作幅度 动作节奏 动作力度 动作一致性	0.5—1.0	1.5—2.0	2.5—3.0

二、附加动作：在同节操中出现规定动作之外的多余动作扣 0.5—3.0 分。

三、漏做动作：在同节操中出现漏做个别或全部规定动作扣 0.5—3.0 分。

四、5 分值按照 10 分值相应要求减半扣分。

备注：一节内同一人同一错误只扣一次分。每一节最多扣 5 分。

附录二　甲骨文广播体操比赛评分表

参赛单位：

	比赛内容	分数分配	扣分情况	最后得分
队形队列（20分）	进退场			
	精神面貌			
	服装			
	文字演绎			
动作完成（80分）	预备运动			
	伸展运动			
	扩胸运动			
	踢腿运动			
	体侧运动			
	体转运动			
	跳跃运动			
	全身运动			
	整理运动			

后 记

从 2017 年来到甲骨文信息处理教育部重点实验室开始，我一直被团队某种向上的精神引导着。每天不管我来多早都有比我来得早的同事，不管我走多晚也都有比我走得晚的同事。周末、寒暑假似乎在这个团队中是不存在的。没有人刻意要求，一种无形的信念推动着我们这群人，在各个专业、各个领域做着同一件事情——研究、传承、推广甲骨文文化。有一次已经快晚上 10 点钟了，很想回家的我看着隔壁办公室还灯火通明，觉得自己不能是第一个走的。又在键盘上敲敲打打了一会儿，还是没有一个人有离开的迹象，我忍不住站在走廊里笑着问道："为啥这么晚还不下班？"大家这才放下手中的工作，纷纷出门站在走廊里聊天，印象很深的是李邦老师半开玩笑地对我说："因为我们热爱科学。"

和甲骨文传承研究创新团队在一起的日子，我不觉得学术枯燥，冷板凳坐穿的每天并不无聊。大家一起学习，一起成长，好像心里有一团火，眼前有一束光，照着不同专业的我们在各自领域探索求知、创新创造。我总觉得自己该做点什么，也能做点什么。

甲骨文本身具有丰富的文化艺术内涵，是优秀的中华基因与宝贵的传统文化资源。它就像一个宝库，为我提供着源源不断的灵感与养分。习近平总书记说："要挖掘中华优秀传统文化的思想观念、人文精神、道德规范，把艺术创造力和中华文化价值融合起来，把中华美学精神和当代审美追求结合起来，激活中华文化生命力。"作为一个河南安阳人、一名高校教师，这几年能够在学校和团队的帮助下做出像甲骨文广播体操、"商代乐舞史与作品赏析"课程等一些小小的成绩，我常觉得自己是幸运的，心里是感恩的，也是惶恐的。

幸运的是我生在了一个和平、友善、积极向上的好时代，一个文化自信在大家心中觉醒的好时代，赶上了学校特色发展的东风，更遇到了好的领导和好的团队。

感恩的是在甲骨文广播体操编创和写作过程中，我所有的领导、同事、朋友给予了我许多帮助。我遇到的各种各样专业上的难题，是有了大家的帮助才能够解决的。比如文字方面，中国社会科学院学部委员宋镇豪先生一直以来给予了肯定和鼓励，不仅为此书作了序，还留下了珍贵的墨宝。宋老师说："安阳首创了甲骨文广播体操，这很好，很有意思。我还给作了序，为什么呢？它把甲骨文中有些具象的有意义的词，通过人体的形象，配上一定的体操的重复性动作和音乐的节奏感，都体现出来了，让大家知道。"韩胜伟博士从项目的开始，就在帮忙整理和校对所选用甲骨文的字形字义。正是因为有了韩老师耐心的指导与细心的纠错，不断提出自己的专业意见，教学推广环节才会有如此深入简出的教学内容。历史与文博学院的张同利院长帮忙整理了每一节的节意，在我找不到灵感的时候，邀请我去他们学院的汉字文化体验馆学习。音乐上傅蒸蔚老师在最开始没有任何经费的支持下帮忙作曲，还对我说"我们就做自己想做的，其他不要多想"。时间非常紧张需要修改的时候，傅老师一边照顾两个孩子一边抽时间做音乐，还给我微信回复"全力以赴"，简单的四个字让我安心又温暖。还有她的女儿萌萌和我的好友武冰洁帮助录制后期口号配音。运动科学方面，体育学院的乔秀梅老师带领她的团队跑遍各个学校、社区为甲骨文广播体操做了无数次体育运动监测实验，让我们拿到了标准数据和科学推广的依据。在体操动作上，艺术体操名将隋剑爽老师，西安体育学院匡小红老师，国家体育总局闫琪老师、徐建方老师，北京体育科学研究所安江红老师，安阳师范学院孙磊老师、毛有文老师等，在创作与修改的过程中一路陪伴，不断研讨，给予了我许多宝贵的意见与建议。在传播推广与书籍出版方面，除了感谢甲骨文信息处理教育部重点实验室主任刘永革老师、安阳师范学院音乐学院院长伊春老师、安阳师范学院党委宣传部部长杨新宇老师等的关怀与帮助，还要特别感谢中共安阳市委、安阳市人民政府、中共安阳市委宣传部、安阳市教育局、安阳市市场监管局、安阳市文广体旅局、中国文字博物馆、安阳市新华书店、腾讯SSV数字文化实验室的大力支持。

  惶恐的是害怕自己做不好，害怕教的有错。现在想做的、在做的是交叉学科的研究与成果呈现，我并不是方方面面都了解、熟悉，而是处在一个学习、研究、反思的过程中。就好比甲骨文广播体操的开发与传播，是在国家提倡文化自信与加快推进体育强国建设的背景下的实验性的传承创新，它需要文化的依托、学术的支持、可信的科学验证、多学科创新的融合交叉。将文化融入体育、艺术中，目前来看传播、教学成果还是不错的。作为一个老师，教育也好，传承也好，传播也好，往小了说是教好一门课、一个操，往大了说是通过一门课、一个操传递出中华文化的精神与内涵，可以不够好，但不能有错。传播错了，误人子弟，是很可怕的，也是很难再转变的，因此即便一个小小的环节，每一个字，我们都反复斟酌很久。不过转念一想，我有温暖而强大的团队，每一个帮助我的成员都是未来能持续把这件有意义的事情做对、做好的基础。如同本书的出版，是为了帮助学习者更好地对该体操有深入的理解与掌握，为更多希望从甲骨文中汲取养分的工作者提供一些参考与帮助。所以未来我会在惶恐中不断提醒自己，坚定地走下去。

  中华文明之所以历经数千年历史变迁而始终保持生机活力，正是得益于其革故鼎新、与时俱进的创新精神。我认为对甲骨文的探索、传承与创新，一定是在深挖其背后的文化内涵并进行创造性转化与创新性发展，让传统文化活学活用的前提下，才能扎下稳健的根，长出健康的芽，开出自信的花。未来，我会继续怀着敬畏之心，深入挖掘汉字中蕴含的丰富文化与智慧，汲取创新的营养和灵感，为实现中华民族伟大复兴的中国梦贡献一份微薄的力量。

龚慕凡

2024 年 5 月